MIKROWELLEN-KOCHEN FÜR EINSTEIGER

W0409212

Elke Blome (Hrsg.)

Schnell, leicht und gesund

MIKROWELLEN-KOCHEN FÜR EINSTEIGER

Buch und Zeit Verlagsgesellschaft mbH · Köln

In gleicher Ausstattung sind erschienen: Kochen mit Mikrowellen · Vollwertküche · Vollkornbackstube · Pizzas und Pasta · Salate · Kalte Platten · Brot backen · Schlank und rank · Die allerbesten Backrezepte · Köstliche Aufläufe · Keime und Sprossen · Kräuterküche · Cocktails mit und ohne Alkohol · Kleingebäck · Fondues · Vegetarisch kochen

Abkürzungen

EL	=	Eßlöffel
TL	=	Teelöffel
TK	=	Tiefkühl...
Msp.	=	Messerspitze
P.	=	Päckchen oder Paket
(K)	=	Rezept für Kombigeräte

ISBN 3-8166-9645-7

INHALT

VORWORT

Anfangs nutzte man den Mikrowellenherd nur zum Erhitzen bereits gekochter Speisen und zum Auftauen von Gefriergut. Im Laufe der Jahre wurden jedoch die technischen Möglichkeiten des Mikrowellenherdes immer weiter entwickelt, so daß es heute ein sehr vielseitiges Angebot an Mikrowellengeräten gibt. Es reicht vom einfachen Mikrowellenherd – dem Sologerät –, bis hin zum Kombigerät, das neben der Mikrowelle noch einen Grill, Ober- und Unterhitze und Heißluft haben kann.
Die Vorteile der Mikrowelle liegen in der schnellen und schonenden Zubereitung der Speisen: Vitamine und Mineralstoffe bleiben weitgehend erhalten, da die Lebensmittel im eigenen Saft garen, beziehungsweise nur wenig Wasser hinzugefügt werden muß. Sie sparen außerdem viel Zeit, da Sie die Gerichte im Serviergeschirr zubereiten können; das Abwaschen vieler Töpfe entfällt.
Für welches Gerät Sie sich auch immer entschieden haben, Sie brauchen ein wenig Zeit, um sich auf das Kochen mit der Mikrowelle umzustellen und ihre Möglichkeiten und Grenzen zu erkennen. Dieses vorliegende Buch soll Ihnen dabei helfen; es führt Sie von den grundlegenden Dingen, die Sie zum »Mikrowellenkochen« wissen müssen, bis hin zu schmackhaften und raffinierten Gerichten.

EINFÜHRUNG

DAS GEHEIMNIS DER MIKROWELLE

Bei allen bisherigen Verfahren der Wärmebehandlung von Speisen gibt ein Übermittler oder ein Medium die Wärme an das Gargut ab, zum Beispiel die Kochstelle beim Herd, die Luft beim Backofen oder die Infrarotstrahlen beim Grillheizkörper. Der Wärmetransport erfolgt im Gargut von außen nach innen.
Ganz anders bei der Mikrowelle. Diese »drahtlosen, unsichtbaren und kalten Elektromagnetwellen« dringen in die Lebensmittel ein. Dort setzen sie die winzigen Bestandteile jeder Substanz, genannt Moleküle, in Schwingung. Die vorher ruhenden Teilchen bewegen sich, reiben sich folglich aneinander. Dadurch entsteht Wärme. Je nach Frequenz, das heißt Schwingung pro Sekunde, und daraus resultierender Wellenlänge haben elektromagnetische Wellen unterschiedliche Funktionsweisen. So können sie gezielt eingesetzt werden, zum Beispiel in der Nachrichtentechnik, bei Funk und Fernsehen, in der Medizin oder eben in der Küche zum Auftauen, Erwärmen und Garen von Lebensmitteln und Speisen.
Mikrowellen mit einer Frequenz von 2450 Megahertz und entsprechender Länge von 12,25 Zentimetern, wie sie in den Mikrowellengeräten gebräuchlich sind, durchdringen Glas, Porzellan, Keramik, Papier, Pappe und Klarsichtfolien, werden aber von Metallgegenständen reflektiert. Das bedeutet, daß sich zum Beispiel Metalltöpfe für das Garen im Mikrowellenherd nicht eignen; auf geeignetes Geschirr wird im Kapitel »Das geeignete Mikrowellengeschirr« noch näher eingegangen.

SO ARBEITET EIN MIKROWELLENGERÄT

In einem geschlossenen, völlig abgschirmten Raum werden die Mikrowellen vom sogenannten Magnetron erzeugt und abgesendet. Dieses kann oben, unten oder an den Seiten eingebaut sein. Da die Innenwände aus beschichtetem Metall bestehen, auch das Sichtfenster ist mit einem Drahtgitter durchzogen, werfen sie die auftreffenden Wellen geradlinig zurück.

Um jeden Punkt im Garraum zu erreichen, gibt es verschiedene Systeme zur Verteilung. Eine mit Schlitzen versehene Metallscheibe, die Feldverteilungsantenne, oder der mit einem Ventilator vergleichbare Reflektorflügel rotieren während der Inbetriebnahme und sorgen dafür, daß die Mikrowellen in eine ständig wechselnde Richtung gelenkt werden. Einige Geräte sind mit einem Drehteller ausgestattet. Hier werden nicht die Mikrowellen umgelenkt, sondern das aufgebrachte Gargut wird durch das Mikrowellenfeld bewegt.

Der Boden ist mit einer losen oder fest montierten Glas- oder Glaskeramikplatte versehen. So können die Mikrowellen auch von unten in das Gargut eindringen. Gleichzeitig dient diese Platte als Grundlast. Die Größe des Garraums ist überwiegend von der Mikrowellenlänge abhängig. Die ausgesandten Wellen sollen die reflektierten unterstützen.
Achten Sie beim Kauf eines Mikrowellengerätes auch auf die Leistung. Das Magnetron und die anderen Bauteile, wie Kühlgebläse, Transformator, das Verteilersystem, die Programmierung usw., benötigen für ihre Arbeit ungefähr die Hälfte der Eingangswerte. Wenn das Gerät beispielsweise eine Leistungsaufnahme von 1000 Watt hat, steht Ihnen für das Garen eine Mikrowellenenergie von 500 Watt zur Verfügung.

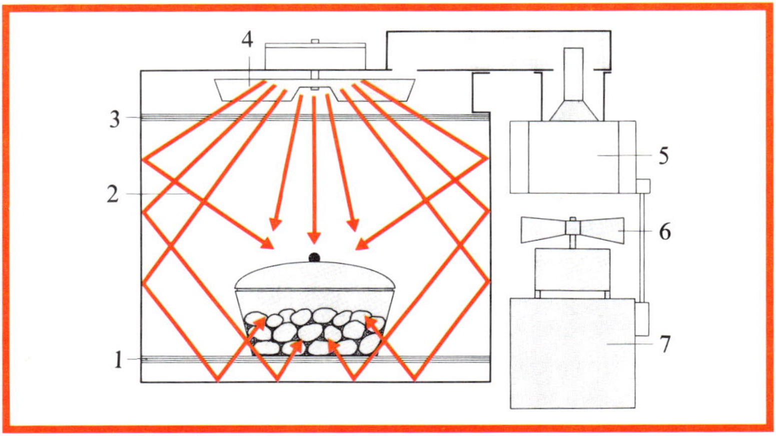

Aufbau eines Mikrowellengeräts
1 Stellfläche für Gargefäße, feststehend oder als Drehteller
2 Garraum mit den elektromagnetischen Wellen
3 Deckplatte
4 Feld- oder Wellenrührer: Er verteilt die Mikrowellen im Garraum
5 Magnetron: Hier wird elektrischer Strom in Mikrowellen umgewandelt
6 Gebläse: Es kühlt nach Einschalten des Gerätes empfindliche Teile wie das Magnetron
7 Elektronik und mechanische Steuerung

SICHERHEIT UND AUFSTELLUNG DES MIKROWELLENGERÄTES

Das Kochen mit der Mikrowelle ist eine sichere Sache, da Metall für Mikrowellen undurchlässig ist und daher auch keine Energie aufnimmt. Die Geräte sind so konstruiert, daß keine Strahlen nach außen dringen können; sie arbeiten nur bei geschlossener Tür. Sobald die Tür geöffnet wird, schalten sich die Geräte ab, und das Magnetron sendet keine Mikrowellenstrahlen mehr.

Mikrowellengeräte sind steckerfertig, das heißt, sie können direkt an das Stromnetz angeschlossen werden. Der Mikrowellenherd sollte so aufgestellt werden, daß er genügend Abstand von ihn umgebenden Flächen hat, damit die vom Gebläse kommende Warmluft ungehindert entweichen kann. Stellen Sie ihn nicht direkt neben den Herd oder Backofen, und halten Sie von Fernseh- und Rundfunkgeräten einen Abstand von mindestens vier Metern.

Da es sich bei dem Magnetron um ein Art Sender handelt, muß der Mikrowellenherd bei der Post angemeldet werden, eine Karte dafür liegt bei den übrigen Papieren für das Gerät. Gebühren brauchen Sie nicht zu bezahlen.

MIKROWELLENGERÄTE – IHRE LEISTUNGEN UND EINSATZMÖGLICHKEITEN

Wenn Sie sich im Handel Mikrowellengeräte ansehen, werden Sie sicher zunächst von der Vielfalt des Angebotes verwirrt sein. Zum einen unterscheiden sie sich in den Wattleistungen; je höher die Wattleistung ist, desto schneller garen die Gerichte, eine Umrechnungstabelle für die verschiedenen Höchstleistungen finden Sie am Ende dieses Kapitels. Zum anderen unterscheiden sie sich in der Schaltskala: das eine Gerät hat eine stufenlose Regelung der Leistung, das nächste hat Leistungsstufen, ein anderes wiederum Symbole. Einige der im Handel üblichen Bedienungselemente sind auf den folgenden Zeichnungen abgebildet.
Die Einschaltdauer ist abhängig von der Art der Lebensmittel, der Eindringtemperatur, von Gewicht, Umfang, Leistung (siehe Seite 16) und vom gewünschten Endzustand. Verschiedene Geräteausstattungen bieten Kontrollhilfen an. Sie reichen von der mechanischen Zeituhr über eingebaute Thermometer oder Feuchtigkeitsfühler bis zu voll elektronisch gesteuerten Programmen. Sie geben dann über Sensortasten nur noch die Lebensmittelart und das Gewicht ein.
Da Mikrowellen sehr schnell garen, können Sie beim Braten, Grillen und Backen keine optimalen Ergebnisse erzielen. Das Fleisch wird nicht knusprig braun, und die Kuchen sind unansehnlich. Die neuesten Entwicklungen kombinieren deshalb die verschiedenen Verfahren. Der Backofenbeheizung durch Ober- und Unterhitze, Umluft und Grillschlangen kann die Mikrowellenfunktion zugeschaltet werden (siehe Bedienungselement in der Zeichnung auf Seite 15), dadurch eröffnen sich fast universelle Einsatzmöglichkeiten. (In diesem Buch finden Sie einige Rezepte, die speziell für solche Kombinationsgeräte konzipiert sind. Sie erkennen sie am (K) hinter dem Rezeptnamen.)
Bevor Sie sich nun für eines dieser Geräte entscheiden und dadurch Ihre Arbeitsweise komplett ändern, sollten Sie sich etwas Zeit für einige Überlegungen nehmen. Die Mikrowelle ist eine zeit- und energiesparende Hilfe bei der täglichen Zubereitung der Mahlzeiten. Wenn der Kauf des ersten oder eines neuen Mikrowellengerätes ansteht, sollten Sie sich in den Fachgeschäften oder Fachabteilungen der Warenhäuser umfangreiches Informationsmaterial besorgen und die unterschiedlichen Baufor-

(Fortsetzung auf Seite 16)

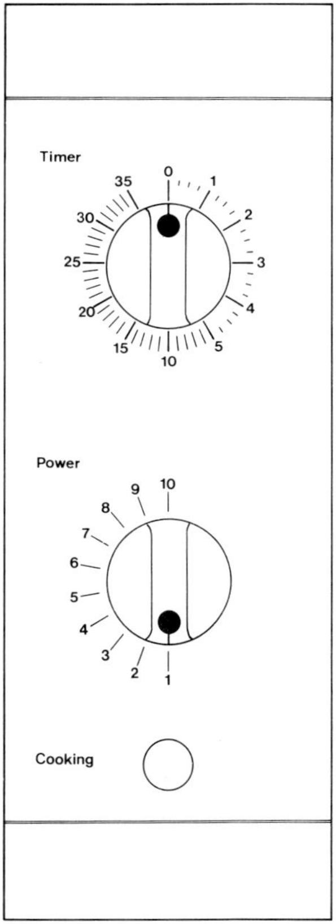

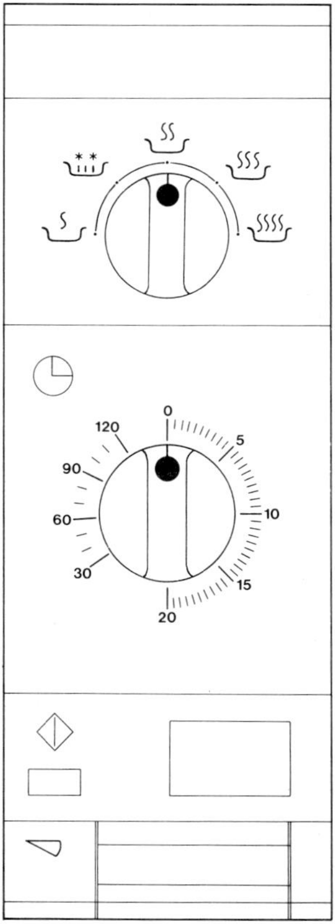

Mikrowelle mit stufenloser Regelung

Timer = Zeitschalter mit 15 Sekunden bis 35 Minuten

Power = Stufenloser Leistungsregler von 10% bis 100%

Cooking = Signalleuchte bei Kochbetrieb

Mikrowelle mit 5 Leistungsstufen

 = Zeitschalter von 1/2 Minute bis 120 Minuten

 = Starttaste

 = Türöffner

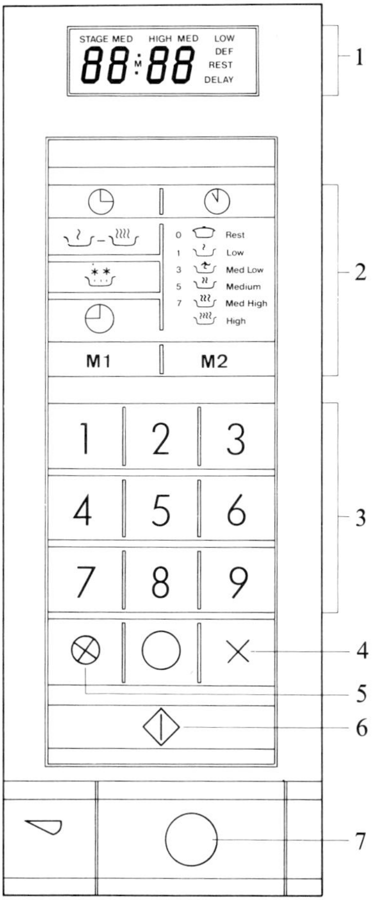

Computergesteuerte Mikrowelle

1 Digitales Anzeigenfeld
zeigt die Garzeit, die Funktion, die eingestellte Leistung sowie die Tagesuhrzeit an

2 Funktionstasten
zur Eingabe der Arbeitsweise

 = Garzeittaste

 = Vorprogrammierung

 = Uhrtaste

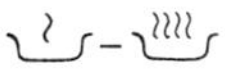 = Garstufentaste

 = Auftautaste

M1 Speichertaste 1

M2 Speichertaste 2

3 Zifferntasten
zur Eingabe der Tagesuhrzeit, der Garzeit, der Vorprogrammierungszeit und der Garstufen

4 Pause/Löschtaste
zum Löschen der eingegebenen Programme oder zum vorzeitigen Beenden des Garens

5 Kontrolltaste
zum Überprüfen der eingegebenen Programme

6 Starttaste
startet die eingegebenen Programme

7 Türöffner
auf Knopfdruck öffnet sich die Tür und das Gerät schaltet sich automatisch aus

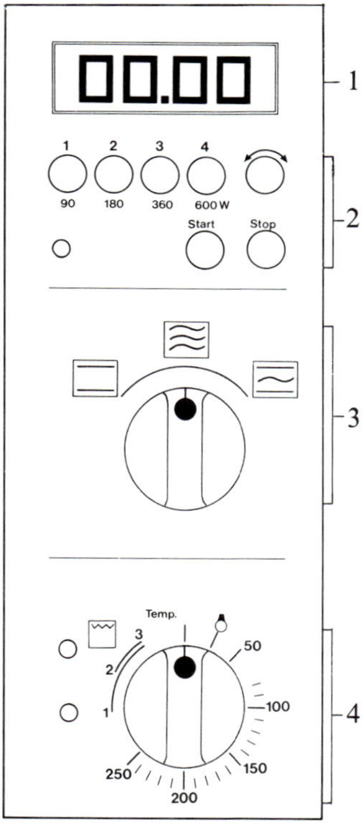

600-Watt-Kombinationsgerät

1 Digitales Anzeigenfeld

2 Leistungs- und Zeitschalter sowie Start- und Stoptaste
4 Leistungsstufen:
600 Watt: Garen, Kochen und Erhitzen
360 Watt: Braten
180 Watt: Auftauen/Fortkochen
90 Watt: Fortkochen/Auftauen

3 Betriebswahl
= Backofenbeheizung
= Mikrowelle
= Backofenbeheizung mit Mikrowellenbetrieb

4 Wahl der Backtemperaturen, der Grillstufen sowie der Garraumbeleuchtung

Tabelle zur Umrechnung für 3 unterschiedliche leistungsstarke Mikrowellengeräte

Leistung in Watt			Leistung in Prozent	Symbole	Stufen
700	600	500	100		Stark/high
525	450	375	75		Mittelstark/ medium high
350	300	250	50		Mittel/medium
175	150	125	25		Auftauen/ medium low
105	90	75	15		Schwach/low

men, Funktionsmöglichkeiten sowie Bedienungselemente kritisch vergleichen. Baugleiche Geräte von mehreren Anbietern können auch erhebliche Preisunterschiede aufweisen.
Wichtig ist vor allem, daß Sie Ihren Küchenalltag und die daraus resultierenden Bedürfnisse genau analysieren, um sie mit der Angebotspalette abdecken zu können. Nur so ist eine wirkliche Arbeitsentlastung bei gleichzeitiger Steigerung der Qualität der Speisen gegeben.

Die verschiedenen Wattleistungen und ihre Bedeutung in der Küchenpraxis

500 bis 750 Watt

Diese höchsten Leistungsstufen sind ideal:
- zum Braten einzelner Gerichte mit Fleisch
- zum Kochen und Ankochen der Speisen
- zum Garen von Fisch, Gemüse, Obst u. a.
- zum Erwärmen vorgefertigter Speisen oder Tellergerichte
- zum Erhitzen von Bräunungsgeschirr

300 bis 360 Watt

Diese niedrigen Wattleistungen sind ideal:
- zum Braten von größeren Fleischmengen
- zum Erwärmen von Babykost und anderen empfindlicheren Speisen
- zum Erhitzen von Tiefkühlgerichten und von größeren Mengen vorgefertigter Gerichte

150 bis 240 Watt

Diese Leistungswahl ist ideal:
- zum Fortkochen von Eintöpfen, Reis, Nudeln u. a.
- zum Auftauen von Fleischstücken, Brot und Obst

70 bis 120 Watt

Diese Einstellungen im niedrigen Wattbereich eignen sich ideal:
- zum Fortkochen kleinerer Lebensmittelmengen (bis 750 g), zum Gehen von Hefeteig u. a.
- zum Warmhalten von Eintöpfen, Ragouts u. a. Speisen
- zum Auftauen empfindlicher Lebensmittel und Speisen, wie Butter u. a. Milchprodukte, kleineren Fleischgerichten u. a.

Umrechnungstabelle für Zeitangaben bei Mikrowellengeräten mit verschiedenen Höchstleistungen (alle Angaben in Minuten)

700 Watt	650 Watt	600 Watt	500 Watt	400 Watt
1	1 1/4	1 1/4	1 1/2	1 3/4
1 1/2	1 3/4	1 3/4	2	2 1/4
2	2 1/4	2 1/2	3	3 1/2
2 1/2	2 3/4	3	3 1/2	4
3	3 1/4	3 1/2	4	4 1/2
3 1/2	3 3/4	4	4 1/2	5
4	4 1/4	4 1/2	5	5 1/2
4 1/2	5	5 1/2	6 1/2	7 1/2
5	5 1/2	6	7	8
6	6 1/2	7	8 1/2	10
7	7 1/2	8	9 1/2	11
8	8 1/2	9	11	13
9	9 1/2	10	12	14
10	11	11 1/2	13	14 1/2
12	13	14 1/2	16	17 1/2
14	15	16 1/2	18	19 1/2
16	17	18	21	24
18	19	21	23	25
20	22	23	26	29
25	27	29	33	37
30	32	35	40	45
35	37	41	48	55
40	42	48	60	72
45	47	54	66	78
50	54	60	72	84
55	61	68	80	92
60	68	76	90	104

DAS GEEIGNETE GESCHIRR

Nicht jedes Geschirr ist für die Mikrowelle geeignet: Töpfe und Backformen aus Metallegierungen können nicht verwendet werden, da die Mikrowellen vom Metall abprallen und nicht zum Gargut vordringen können. Ebenso sollten Sie Geschirre mit Goldrand oder Golddekor nicht in den Mikrowellenherd stellen, ansonsten ist nahezu alles geeignet.

Glas

Besonders gut läßt sich feuerfestes Glas in der Mikrowelle einsetzen. Die Mikrowellen durchdringen Glas ungehindert, so daß die Speisen in kürzester Zeit garen können. Wenn Sie ein Gericht lediglich erwärmen wollen, genügt normales Glasgeschirr. Ein weiterer Vorteil ist, daß Sie den Garvorgang im Glasgeschirr gut beobachten können. Achten Sie aber darauf, daß Sie nur Glasgeschirr ohne Metalleinschlüsse verwenden. Bleikristall und Jenaer Glas 2000 zählen zu den ungeeigneten Glasarten. Natürlich sollten Sie auch kein gesprungenes Glas verwenden, weil beim Abwaschen kleine Wassermengen in den Sprüngen zurückbleiben, die in der Mikrowelle beim Erhitzen das Glas platzen lassen können. Wenn Sie Gläser mit Speisen oder Getränken in der Mikrowelle erhitzen wollen, achten Sie darauf, daß sich keine Metallringe vom Verschluß, metallhaltige Aufkleber oder ähnliches darauf befinden.

Keramikgeschirr

Keramikgeschirr ist im allgemeinen gut für das Mikrowellengerät geeignet. Die formschönen, dekorativen Schüsseln, Teller und anderen Gefäße bieten sich für kultiviertes Essen in besonderer Weise an. Allerdings nimmt Keramikgeschirr geringe Mengen der Mikrowellenergie auf, so daß die Gar- und Aufwärmzeiten im Vergleich zu Glas geringfügig höher sind. Es ist bei Keramikgeschirr auch darauf zu achten, daß die Glasuren nicht bleihaltig sind. Sonst können in der Mikrowelle Funken entstehen. Je nachdem, wie Keramikgeschirr zusammengesetzt ist, kann es selbst auch recht heiß werden. In diesem Fall sollte man auf die Verwendung in der Mikrowelle verzichten. Das gleiche gilt für sehr feines Porzellan und Keramik mit Gold- oder Silberrand.

Vitrokeramikgeschirr

Besonders gut eignet sich dagegen Vitrokeramikgeschirr. Es wird im Handel speziell als mikrowellengeeignet angeboten. Vitrokeramikgeschirr läßt sich überdies problemlos reinigen und ist spülmaschinenfest. Es eignet sich übrigens auch zum Einfrieren oder Backen.

Kunststoffgeschirr
Kunststoffgeschirr kann ebenfalls im Mikrowellengerät verwendet werden. Sogar Pappgeschirr ist für kurzzeitiges Erwärmen geeignet. Bei Kunststoffgeschirr sollte man auf eine gewisse Hitzebeständigkeit achten, sonst schmilzt es oder verformt sich. Im Handel ist spezielles Kunststoffgeschirr erhältlich, das sowohl zum Einfrieren als auch für die Mikrowelle geeignet ist. Das bedeutet: aus der Tiefkühltruhe direkt in die Mikrowelle und dann auf den Tisch. Wer auf Tiefkühlfertiggerichte zurückgreift, sollte die Metallfolien, die oft als Deckel benutzt werden, entfernen und sie durch einen Teller oder eine feste Frischhaltefolie ersetzen. Einige Anbieter sind inzwischen zugunsten des Mikrowelleneinsatzes davon abgekommen, Metallfolien als Abdeckung zu benutzen.

Mikrowellenfolie
Mittlerweile gibt es im Handel eine sogenannte Mikrowellenfolie, die hoch erhitzbar ist und viele kleine Poren zur Regelung des Dampfdruckes hat. Sie eignet sich nur zum Abdecken von Geschirr in reinen Mikrowellengeräten.

Bratfolie
Wollen Sie im Mikrowellenherd Bratfolie verwenden, müssen Sie zwei Dinge beachten: Stechen Sie die Folie mehrmals ein, damit Dampf entweichen kann, und ersetzen Sie die Metallklipse zum Verschließen durch Kunststoffverschlüsse.

Bräunungsgeschirr
Bekanntlich kann man im Mikrowellenherd nicht braten. Somit gibt es auch gewisse Probleme, eine Bräunung von Speisen zu erreichen. Trotzdem lassen sich auch solche Gerichte in der Mikrowelle zubereiten. Zu diesem Zweck wurde spezielles Bräunungsgeschirr entwickelt. Die Töpfe und Schüsseln werden aus Glaskeramik hergestellt und haben am Boden eine Spezialbeschichtung aus Metalloxid. Bräunungsgeschirr wird vor dem eigentlichen Einsatz bei voller Leistung im Mikrowellengerät erhitzt. Dabei entwickeln sich im Boden Temperaturen von bis zu 330° C. Hier kann man Bratgut anbraten, wenden und auf eine andere, noch ungenutzte Stelle des Bodens legen. Danach werden die übrigen Zutaten hineingegeben und abgedeckt in der Mikrowelle zu Ende gegart.

ARBEITEN MIT DER MIKROWELLE

AUFTAUEN

Brauchten Sie früher Stunden, um ein eingefrorenes Gericht, einen Braten oder Geflügel aufzutauen, so reichen Ihnen mit dem Mikrowellengerät dafür Minuten, ja Sie müssen sogar ab und zu die Geschwindigkeit der Mikrowelle bremsen und Ruhepausen einlegen.
Das erklärt sich so: Auftreffende Mikrowellen geben in den oberen Schichten die meiste Energie ab. Je tiefer sie eindringen, um so schwächer werden sie. Für kleinere Stücke ist das durchaus ideal. Aber beim Auftauen von größeren Stücken führt dies dazu, daß die äußeren Fleischpartien schon fast garen, während die inneren noch gefroren sind. Bei allen kompakten Lebensmittelstücken gelingt gleichmäßiges Defrosten nur, wenn die Mikrowellenzufuhr unterbrochen wird, damit die erzeugte Wärme Zeit hat, sich nach innen weiter auszubreiten. Einige Auftautabellen geben diese Steh- oder Ausgleichszeit gesondert an. Knochen, Sehnen und Gräten nehmen Mikrowellen nicht so leicht auf. Das dahinterliegende Fleisch bleibt fest und hart. Wenden Sie das Auftaugut deshalb mehrmals zwischendurch.
Da die Auftauzeit durch die Mikrowelle sehr stark verkürzt wird, können Sie diesem Vorgang ruhig ein paar Minuten mehr einräumen. Dies verbessert die Qualität wesentlich. Um ein Austrocknen der Oberflächen zu verhindern, decken Sie das Tiefgefrorene im Mikrowellenherd mit Frischhaltefolie oder Pergamentpapier ab.
Fertig- oder Halbfertiggerichte, die Sie tiefgefroren kaufen, sind häufig in mit Aluminium ausgekleideten Schalen verpackt. Wenn diese ziemlich flach sind und der Deckel entfernt ist, können Sie sie für die kurze Auf-

tauzeit verwenden. Zur Erhitzung oder zum Garen sollten die Speisen in Mikrowellengeschirr umgefüllt werden.
Auch Spinat, Rosenkohl und ähnliches Gemüse kann in der Kaufpackung aufgetaut werden, zumindest aber so lange, bis es sich vom Papier oder Pappkarton löst. Eingefrorener Brei, Soßen, Suppen, Reis und Marmeladen müssen während des Auftauens öfter umgerührt werden, damit sich die kalten mit den schon erwärmten Bestandteilen mischen.
Achten Sie schon beim Einfrieren darauf, daß kleine und flache Portionen gleichmäßiger aufzutauen sind als größere Blöcke. Geben sie auch immer nur eine Packungseinheit in das Gerät. Niemals unterschiedlich große Mengen eines Lebensmittels gleichzeitig auftauen.
Die Tabelle am Ende des Buches (Seite 124 ff.) soll Ihnen helfen, sich auf die sehr kurzen, ungewohnten Zeiten einzustellen. Die angegebenen Werte können aber nur Anhaltspunkte sein, da Größe, Menge und Gefrierzustand jeweils wechseln. Vergessen Sie nicht, die Ruhezeiten einzulegen oder nach dem Auftauen anzuhängen.

Tip
Für das Garen in der Mikrowelle müssen viele Lebensmittel auch nicht vollständig aufgetaut sein, zum Beispiel Fisch, Gemüse und Obst. Entscheidend ist immer die Art der Weiterverarbeitung. Gemüse und Fleisch, das in Flüssigkeit gegart wird, benötigt eine kürzere Auftauzeit als in Fett zu dünstendes. Fischfilets lassen sich leichter panieren, wenn sie innen noch leicht gefroren sind.

ERWÄRMEN UND ERHITZEN

Ideal ist die Mikrowelle zum Erwärmen und Erhitzen, da Vitamine, Mineralien und Spurenelemente im Gegensatz zum herkömmlichen Aufwärmen dabei nicht den Speisen entzogen werden.
Die folgenden Hinweise zum Erwärmen und Erhitzen im Mikrowellengerät sollen Ihnen langes Experimentieren ersparen.
Kommen Ihre Familienmitglieder zu unterschiedlichen Zeiten zum Essen, sollten Sie die Portionen gleich nach dem Kochen auf die Eßteller füllen und zugedeckt kühl stellen. Jeder einzelne schiebt dann seinen Teller bei Bedarf eben in die »Röhre« und wird auf schnellstem Weg eine komplette erstklassige Mahlzeit bekommen.
Wenn Sie für ein paar Tage vorkochen, portionieren Sie die Gerichte am besten auf Partytellern und frieren sie ein. Auftauen und Erwärmen kann man sie dann mühelos in einem Arbeitsgang. Sind Kartoffeln, Gemüse und Fleisch einzeln in Gefrierkochbeuteln verpackt, müssen Sie die Beutel vor dem Auftauen und Erwärmen oben mehrmals einstechen, damit die heiße Luft entweichen kann und der Beutel nicht platzt.

Warmhalteplatten oder Stövchen erübrigen sich beim Besitz eines Mikrowellengerätes. Sind Speisen oder Getränke während des Essens kalt geworden, geben Sie sie kurzfristig in das Mikrowellengerät.
Babynahrung und Milchfläschchen waren bisher recht umständlich nur im Wasserbad zu erwärmen. In der Mikrowelle geht das jetzt viel einfacher. Schrauben Sie nur die Deckel der Breigläser ab, bevor Sie sie in den Herd stellen. Sauger können auf den Flaschen bleiben. Ist Ihr Mikrowellengerät zu niedrig für ein Fläschchen, dann legen Sie es schräg hinein und stützen es mit einem Holzlöffel ab, damit keine Milch herausfließt. Vorsicht ist beim Erhitzen dennoch geboten. Prüfen Sie am besten zuerst selbst die Temperatur, bevor Sie Ihrem Kind das Fläschchen geben.
Grundsätzlich gilt, daß Sie flüssige Lebensmittel niemals in fest verschlossenen Gläsern oder Flaschen erhitzen dürfen. Die Flüssigkeit dehnt sich aus, das Glas zerspringt. Speisen mit hohem Wassergehalt können auf der höchsten Leistungsstufe erwärmt werden.
Bei längeren Erwärmungszeiten sollten sie die Lebensmittel immer mit Folie, Pergamentpapier oder einem umgedrehten Teller abdecken. Die Oberfläche trocknet dann nicht so leicht aus, und der Erwärmungsvorgang wird beschleunigt. So sparen Sie auch Energie.
Paniertes und krosses Fleisch sowie gebackene Kuchen dürfen nicht abgedeckt werden, sonst wird die schöne Kruste weich. Das gilt auch für Brötchen, Fettgebackenes und Pasteten.
Wenn Sie Suppen und Pürees, Kartoffeln und Gemüse mit ein paar Wasserspritzern benetzen, bildet sich kein Häutchen an der Oberfläche.

TROCKNEN

Mikrowellenherde sind hervorragend dafür geeignet, Brot, Früchte, Kräuter, kurzum alles, was auch an der Luft getrocknet werden kann, zu trocknen.
Altbackenes Brot, Weißbrot und Brötchen trocknen Sie auf der höchsten Leistungsstufe, ideal zum Beispiel, wenn Ihnen einmal das Paniermehl ausgegangen sein sollte.
Früchte und Pilze legen Sie nach dem Vorbereiten auf Pergamentpapier auf den Rost und lassen sie bei mittlerer Leistung trocknen. Zeitangaben sind hier sehr schwer zu geben, die Trockenzeit hängt von der Dicke der Scheiben und der Konsistenz des Obstes ab. Am besten fangen Sie mit 5 bis 10 Minuten an und schalten danach nochmals ein, falls es nötig ist.
Kräuter und Gewürze enthalten die meisten Aromastoffe und wertvolle Vitamine im Frühsommer. Zu dieser Zeit sollte man sie frisch ernten.
Petersilie, Schnittlauch und ähnliche Kräuter werden gewaschen, gehackt und auf Küchenpapier ausgebreitet. Bei höchster Leistungsstufe sollten Sie mit 2 bis 3 Minuten anfangen und eventuell nachschalten. Danach können Sie Ihre eigenen Trockenkräuter in gut verschließbaren Dosen aufbewahren.
Legen Sie sich jedoch keine allzu großen Vorräte an getrockneten Kräutern, Trockenobst, -gemüse und -pilzen an, denn auch bei sachgerechter Aufbewahrung verlieren diese Gewürz- und Lebensmittel im Laufe der Zeit immer mehr ihrer wertvollen Inhaltsstoffe. Trocknen sie nicht mehr, als Sie voraussichtlich bis zur nächsten Ernte verbrauchen werden.

Tip
Auch Blumen, die sich für Trockenblumensträuße eignen, lassen sich im Mikrowellengerät trocknen! Wie die Küchenkräuter breitet man sie auf Küchenpapier aus. Die Trockenzeit kann – abhängig wiederum von Dicke und Konsistenz der Blumen – stark variieren.

GAREN

Das Garen nach herkömmlicher Art ist wenig schonungsvoll. Die von der Natur hervorgebrachten lebenswichtigen Inhaltsstoffe wie Vitamine, Minerale und Spurenelemente werden durch die langandauernde Hitzeeinwirkung entweder geschädigt oder mit zu viel Kochwasser ausgeschwemmt. Mit der Mikrowelle werden die Lebensmittel entweder im eigenen Saft oder in ganz wenig Flüssigkeit und in einem Bruchteil der bisher benötigten Zeit gegart. So bleiben die wertvollen Nährstoffe überwiegend erhalten.

Ein weiterer großer Vorteil beim Mikrowellengaren ist der verminderte Bedarf an Salz. Lebensmitteleigene Mineralsalze können sich durch das wasser- und fettreduzierte Garen voll entfalten und geben so der Speise ihren Geschmack. Aber nicht nur geschmackliche Vorteile bietet die Mikrowelle. Bei dieser Garart bleibt auch das frische Aussehen des Gemüses erhalten.

Das Garen mit der Mikrowelle erfordert von Ihnen verständlicherweise einige Zeit des Umdenkens, das dauert aber nicht sehr lange, Sie werden bald mit allem vertraut sein.

Im Mikrowellenherd können Speisen nicht anbrennen, sie können aber austrocknen und einschrumpfen. Sie sollten auf keinen Fall die Speisen überlangen Garzeiten aussetzen, es kann zu Explosionen führen und Fett kann sich dabei entzünden.

Je kleiner die zu garenden Speisen sind, desto kürzer sind die Garzeiten, und Sie erreichen eine bessere Qualität, da sich die Wärme gleichmäßiger ausbreiten kann.

Als Faustregel gilt:
doppelte Menge = doppelte Zeit
halbe Menge = halbe Zeit

Halbfertigprodukte können gleich in Suppentassen oder Schälchen gefüllt und nebeneinander gegart werden. Kartoffeln oder Gemüse geben Sie am besten in flache Schüsseln oder noch besser auf flaches Mikrowellengeschirr mit einem Rand. Fleisch und Fisch teilen Sie vor dem Einfrieren oder nach dem Auftauen in portionsgroße Stücke und legen sie nebeneinander in das Gargeschirr.

Fett wird zum Garen so gut wie nicht mehr benötigt. Um diese überflüssigen Kalorien oder Joule brauchen sich Leute mit Gewichtsproblemen nicht mehr zu kümmern.
Es gibt auch keine Reststoffe mehr, wie aus der Pfanne und dem Grill bekannt, da das Braten im herkömmlichen Sinne in der Mikrowelle nicht möglich ist. Speziell beim Kurzgebratenen (Kotelett, Steak, Schnitzel, Leber) kann durch die kurze Garzeit keine Bräunung entstehen. Um doch eine knusprige Oberfläche zu bekommen, können Sie Bräunungsgeschirr (siehe Seite 19) verwenden. Bei längeren Garzeiten, bei größeren Stücken bedingt durch das größere Volumen, kann durch Fett auf der Oberfläche eine stärkere Bräunung erzielt werden.

KOMBIGAREN

Was Sie mit der Mikrowelle alleine nicht erreichen, nämlich schnelles Garen und dazu noch eine knusprige Kruste, zum Beispiel für Aufläufe oder Überbackenes, können Sie mit dem kombinierten Mikrowellengerät erreichen. Dieses Gerät hat neben der Mikrowelle meist einen Grill und Ober- und Unterhitze bzw. Umluft. Sie können darin mit zugeschalteter Mikrowelle alles zubereiten, was Sie auch im konventionellen Backofen garen.
Es braucht sicher ein wenig Übung, bis Sie das richtige Gefühl für diese Garmethode haben, und es kann schon mal passieren, daß der Kuchen innen schon gar ist, außen aber noch nicht die richtige Bräune hat oder ein Bratenstück außen schon hart, innen aber noch roh ist. Jeder Hersteller hat seinem Gerät eine eingehende Beschreibung beigelegt, die Ihnen die wichtigsten Hinweise gibt, und es ist zu empfehlen, diese gründlich zu lesen.
Grundsätzlich gilt: Für das schnelle Backen und Braten mit Ober- und Unterhitze mit zugeschalteter Mikrowelle wählen Sie bei herkömmlichen Rezepten eine etwas höhere Temperatur und stellen die Mikrowelle gleichzeitig auf 25% (= Auftaustufe). Die Garzeiten verkürzen sich bei Gebäck und Aufläufen um etwa 50%, bei Braten um 30%. Da selbst Geräte mit gleicher Wattleistung unterschiedlich heizen, empfiehlt es sich, lieber einmal öfter zu probieren, ob das Gericht gar ist. Mit der Zeit werden Sie genügend Erfahrung mit Ihrem Gerät gesammelt haben, so daß das Nachschauen entfallen kann.
Beim Braten von größeren Fleischstücken sollten Sie folgendes beachten: Verwenden Sie hohes Bratgeschirr, das temperaturbeständig und mikrowellengeeignet ist.
Wenden Sie alle Bratenstücke nach etwa der Hälfte der Garzeit. Fette Braten legen Sie mit der fetten Seite zuerst nach unten, bei Geflügel die Brustseite und wenden diese dann.
Geben Sie stets 2 bis 3 Eßlöffel Flüssigkeit in das Bratgeschirr. Lassen Sie nach dem Braten das Fleischstück noch etwa 10 Minuten ruhen.
Grill plus Mikrowelle können Sie zum Garen und Überbacken von Aufläufen und natürlich für alle Grilladen benutzen. Dabei wird der Grill vorgeheizt und die Mikrowelle dazu auf Auftaustufe oder höchste Stufe eingestellt; Angaben dazu finden Sie bei den Rezepten. Schalten Sie auch hier zunächst kürzere Zeiten ein, zu schnell kann Ihnen das Grillgut zu schwarz oder zu trocken werden. Geschirr für das Garen im Kombiherd

braucht alle Eigenschaften, die sowohl bei konventionellem Betrieb als auch bei Mikrowellenbetrieb erforderlich sind. Es muß zum einen temperaturbeständig und zum anderen mikrowellendurchlässig sein. Geeignet ist feuerfestes Glas, Glaskeramik oder Porzellan ohne Gold-, Silber- oder sonstige Metallverzierungen.

DAS SOLLTEN SIE BEIM KOCHEN MIT DER MIKROWELLE BEACHTEN

Besonders wichtig bei der Zubereitung ist der Durchmesser der zu garenden Speise. Da die Mikrowellen eine bestimmte Eindringtiefe besitzen, wird die Garwärme wie bei konventionellen Methoden von außen nach innen weitertransportiert. Zur Energieeinsparung und gleichmäßigen Garung ist es deshalb ratsam, jeweils kleinere Portionen in möglichst flachen Ausdehnungen zuzubereiten, auch wenn Sie dabei öfter ans Werk gehen müssen. Trotz diesem Mehr an Handgriffen kommen Sie zeitlich sogar besser aus. 200 Gramm Pellkartoffeln garen in 4 Minuten, 800 Gramm dagegen in 20 Minuten. 4 mal 200 Gramm in je 4 Minuten, macht 16 Minuten.

Je größer die Oberfläche der Speise ist, um so schneller garen die Gerichte. Das bedeutet: In hohen Gefäßen muß man mit einer längeren Garzeit rechnen als in flachen.

In der Mitte des Mikrowellengerätes besteht die geringste Energiezufuhr. Es ist daher nützlich, entsprechende Speisen wie Nudeln, Suppen und so weiter zwischendurch einmal umzurühren. Dies gleicht den Temperaturunterschied aus. Gerichte, die sich nicht umrühren lassen – etwa Aufläufe und Überbackenes – sollten zwischendurch mitsamt dem Geschirr gedreht werden. Da die Mikrowelle sich automatisch abstellt, sobald der Herd geöffnet wird, müssen Sie nach jedem Umrühren oder Drehen die Mikrowelle wieder anstellen!

Flache, dünne und besonders zarte Teile von Nahrungsmitteln sollten zur Mitte des Garraumes hin angeordnet werden, da sie dort langsamer garen.

Sollen Speisen im eigenen Dampf garen, ist es vorteilhaft, zwischen Deckel oder Abdeckung und Schüssel ein Stück Küchenkrepp zu legen. Unterläßt man dies, entweicht zuviel Dampf durch den relativ locker sitzenden Deckel.

Wenn mehrere kleine Schüsseln oder ähnliches gleichzeitig im Mikrowellengerät stehen sollen, ordnet man sie kreisförmig an, so daß die Mitte frei bleibt. Außerdem ist es nützlich, sie nach der Hälfte der Garzeit (oder Aufwärmzeit) um jeweils 180 Grad zu drehen, damit sie gleichmäßig erhitzt werden.

Im Mikrowellengerät herrscht in den Ecken eine höhere Energiekonzentration. Wenn Sie zur Zubereitung von Speisen quadratisches oder rechteckiges Geschirr benutzen, garen die Teile in den Ecken schneller als in der Mitte und an den Seiten. Gleichmäßiges Garen erreicht man besser mit rundem Geschirr.

Für einige Gerichte ist nach der eigentlichen Garzeit im Mikrowellengerät noch eine Stehzeit zum Nachgaren erforderlich. Als Regel gilt hier: Speisen, die bereits im Mikrowellengerät abgedeckt waren, bleiben abgedeckt; offen zubereitete Speisen werden während der Stehzeit ebenfalls abgedeckt.

Alle Gerichte, die Sie beim konventionellen Herd zugedeckt zubereiten, müssen auch im Mikrowellenherd abgedeckt werden. Verwenden Sie dafür Mikrowellenfolie oder einen entsprechend großen Glasdeckel oder einen Teller. Bei längeren Garzeiten sollten die Gefäße immer mit den passenden Deckeln oder einer Folie abgedeckt sein. So kann die verdampfende Flüssigkeit nicht entweichen. Die Oberfläche der Speisen bleibt zart und saftig.

Speisen, die im Mikrowellengerät gegart werden, entfalten und bewahren ihr natürliches Aroma besser als zum Beispiel beim Kochen im normalen Topf. Daher können Würzzutaten wie Salz, Zucker, Kräuter und so weiter wesentlich sparsamer verwendet werden. Oft ist es empfehlenswert, die Speisen erst nach dem Garen zu salzen.

Flüssigkeiten werden am besten in sehr flachen oder schmalen, hohen Gefäßen gekocht. Bei letzteren können die Mikrowellen von allen Seiten eindringen.

Metalle sind ja bekanntlich ausgesprochen mikrowellenunfreundlich. Wenn Sie aber Flüssigkeiten in Porzellan- oder Keramiktassen kochen oder erhitzen, sollten Sie ausnahmsweise Teelöffel hineinstellen, denn sie verhindern die übermäßige Ausdehnung der Flüssigkeiten. Wichtig ist dabei zu beachten, daß der Löffel die Garraumwand nicht berührt.

Unterschiedlich dickes Gargut, etwa bei Fisch und Geflügel, erfordert verschiedene Zeiten. Schirmen Sie deshalb die dünneren oder empfindlichen Teile, auch sichtbare Knochen, mit Alufolie ab. Soßen verhindern ebenfalls das teilweise Übergaren und Austrocknen.

Mageres Fleisch sollten Sie vor dem Garen mit einem Ölfilm überziehen.
Die Gardauer läßt sich bei größeren Bratenstücken am einfachsten mit einem Speisethermometer kontrollieren. Es wird bis ins Innere eingestochen und zeigt die Kerntemperatur an.
Geschälte Kartoffeln bekommen beim Garen leicht ein gummiartiges Häutchen. Empfehlenswert ist es also, immer nur Pellkartoffeln zu garen, zumal die wertvollsten Bestandteile sich direkt unter der Schale befinden.
Pellkartoffeln, Äpfel, Tomaten, Würstchen, also alle Lebensmittel mit einer Schale oder einer umgebenden Haut, müssen vor dem Garen angestochen werden, sonst platzen sie. Gleiches gilt für vakuumverpackte Gerichte.
Versuchen Sie niemals, ganze Eier in der Mikrowelle zu kochen. Die Schale kann die enorm hohe Hitze nicht so schnell verkraften. Die Folge ist eine mittlere bis größere Explosion. Spiegel- oder Rühreier lassen sich jedoch sehr gut zubereiten.
Bräunung ist das Ergebnis von Hitze plus Zeit. In der Mikrowelle geht aber meistens alles so schnell, daß sich keine dunkle Farbe oder Kruste bilden kann. Nur wenn Ihr Gargut in der Mikrowelle länger als 25 Minuten gart, stellt sich auch hier ein leichter Bräunungseffekt ein. Wenn Ih-

nen das nicht genügt, dann benutzen Sie einen kleinen Umweg. Braten sie Ihr Fleisch nach konventioneller Methode kurz in einer Pfanne an und garen Sie es dann noch die restliche Zeit in der Mikrowelle. Hähnchen kann man während des Garens mit einem Gemisch aus Sahne und Paprika bepinseln; dann wird die Haut dunkel und kroß.

Eine weitere Möglichkeit, eine gewisse Bräunung zu erzielen, ist die Verwendung von speziellem Bräunungsgeschirr. Um den Geschirrboden auf die erforderliche Temperatur zu bringen, muß das Gefäß in der Mikrowelle vorgeheizt werden. Das Bratgut drücken Sie dann fest an den Boden, weil es diesen engen Kontakt braucht. Mit der anderen Seite verfahren Sie genauso. Allerdings sollten Sie dazu eine noch nicht gebrauchte Fläche des Garbodens benutzen.

Mikrowellengeräte sind zwar leicht zu reinigen, weil die Innenwände kalt bleiben und eventuelle Fettspritzer nicht einbrennen können, aber Fett- und Speisereste vom vorherigen Garvorgang ziehen die Mikrowellen an. So wird viel teure Energie nutzlos verbraucht.

Wischen Sie das Gerät nach jedem Gebrauch mit einem feuchten Spültuch aus. Wichtig ist vor allem der Türrahmen, weil schon das kleinste anhaftende Partikel der Sicherheitsautomatik signalisiert: Tür auf, Mikrowelle aus.

MIKROWELLE IN DER PRAXIS

Das Kochen mit der Mikrowelle erfordert, wie bereits gesagt, von Ihnen etwas Umdenken; wir wollen Ihnen auf den folgenden Seiten Tips geben, wie Sie die verschiedenen Lebensmittel richtig garen können.

GEMÜSE

Gerade beim Gemüsegaren werden die Unterschiede zwischen dem Mikrowellengaren und dem Einsatz konventioneller Methoden deutlich. Was früher unter Zugabe von Fett und Wasser gekocht wurde, wird in der Mikrowelle nur mit wenig Fett und Flüssigkeit gedünstet. Dies bringt die Aromastoffe zur vollen Entfaltung und verhindert ein Auslaugen wertvoller Mineralstoffe und Vitamine.
Man unterscheidet Gemüsesorten mit einem hohen Wassergehalt von solchen mit wenig Eigenwasser. Gemüse mit einem größeren Faseranteil und entsprechend weniger Eigenwasser, wie älteres Gemüse, Kohlsorten, Möhren, Porree, Erbsen u. a., benötigt eine längere Garzeit. Generelle und allgemein gültige Zeitangaben können aus diesem Grund nicht vorgegeben werden. Die in den Rezepten angeführten Zeiten können immer nur Richtwerte bleiben, die Sie durch eigene Erfahrungen ergänzen müssen.
Ein weiterer wichtiger Faktor ist die Größe und Stärke der einzelnen Stücke. Wie bei anderen Lebensmitteln auch haben dickere und größere Stücke eine längere Garzeit. Generell gilt beim Gemüsegaren, daß alles möglichst gleich groß geschnitten sein sollte.

Grundrezept Gemüse

Für eine Person rechnet man 100 bis 150 Gramm Gemüse als Beilage.
Je nach Art und Sorte wird das Gemüse geputzt, geschnitten, gewaschen und kommt tropfnaß in ein Mikrowellengeschirr. Geben Sie 1 Teelöffel Butter oder Margarine dazu, und würzen Sie das Gemüse nach Belieben. Allerdings sollten Sie mit Salz sehr sparsam umgehen. Zum einen zieht es Wasser aus dem Gemüse, und zum anderen treten weitere Mineralsalze im Gemüse durch das Mikrowellengaren besonders hervor.

Bevorzugen Sie Gewürze und Kräuter, und schmecken Sie das Gemüse erst nach dem Garen ab. Pro Portion gibt man dann noch 3 bis 4 Eßlöffel Flüssigkeit hinzu. Ob Gemüse- oder Fleischbrühe, Wein, Sekt oder Mineralwasser, bleibt Ihrem persönlichen Geschmack überlassen.
Das Gemüse wird nun abgedeckt bei voller Leistung gegart, wobei besonders bei größeren Portionen ein mehrmaliges Umrühren notwendig ist. Wie Sie Ihr Gemüse garen, ob nährstoffschonender »mit Biß« oder weich, sollten Sie bestimmen. Die Dauer dieser beiden Garzeiten unterscheidet sich in der Mikrowelle nur um wenige Sekunden beziehungsweise Minuten.

Das Gemüse können Sie anschließend leicht verfeinern, indem Sie einfach etwas Sahne, Crème fraîche oder sauren Rahm dazugeben, nochmals ganz kurz erhitzen und abschmecken.
Wer mehr Soße an seinem Gemüse wünscht, kann sich leicht mit den mittlerweile erstklassigen Fertigprodukten behelfen.
Bei der Zubereitung von Suppen und Gemüseeintöpfen wird das Gemüse zunächst in wenig Flüssigkeit gegart, erst dann kommt die Hauptflüssigkeitsmenge in Form von Fleisch- oder Gemüsebrühe hinzu. Nach dem Erhitzen schmeckt man ab und bestreut das Gericht erst kurz vor dem Servieren mit frischen Kräutern.

Tiefgefrorenes Gemüse
Tiefgefrorenes Gemüse sollten Sie wie frisches behandeln, wobei die Garzeiten je nach Art und Struktur entweder gleich oder etwas länger sind. Auch hierbei sollten Sie persönliche Erfahrungswerte nutzen.

Gemüse aus der Dose
Gemüse aus der Dose ist bekanntlich schon gegart und braucht deshalb nur noch erhitzt zu werden. Auch hier gibt man zur Geschmacksverbesserung etwas Butter oder Margarine und Gewürze hinzu.

Hülsenfrüchte
Bei der Zubereitung von Hülsenfrüchten haben Sie gegenüber dem konventionellen Garen keine Zeitersparnis, aber das fast unvermeidbare Anbrennen im Topf entfällt hier vollständig. Auch hier gilt die Empfehlung, beim Garen in der Mikrowelle mehrmals umzurühren, durch das Mischen unterschiedlich heißer Teile erzielen Sie ein gleichmäßiges Garergebnis.

Grundrezept Hülsenfrüchte

Die getrockneten Gemüsesorten, wie Linsen, Bohnen oder Erbsen, werden wie gewohnt zuerst über Nacht eingeweicht. Auf 400 Gramm Trockengemüse rechnet man 1 bis 1$^1/_2$ Liter Flüssigkeit.
In die Einweichflüssigkeit gibt man am nächsten Tag ein Bouquet garni, Gewürze nach Wahl oder eine mit Nelken gespickte Zwiebel und bringt das Ganze in der Mikrowelle auf höchster Einstellung zum Kochen. Nach 10 bis 15 Minuten wird die Leistung auf die Fortkochstufe (etwa 150 Watt) zurückgeschaltet, so daß das Gemüse ausquellen kann.

OBST

Ähnlich wie bei Gemüse ist auch die Zubereitung von Obst zu Kompott oder Obstsoßen eine Domäne des Mikrowellenkochens. Auch für Obst gilt: Garen ohne oder nur mit wenig Flüssigkeit.

Grundrezept Obst

Für die Zubereitung von Kompott wird das Obst vorbereitet und nach Belieben, um den Geschmack zu heben, mariniert. Hierzu bieten sich Vanillezucker, Honig, Spirituosen oder Wein, Zitronensaft und andere Aromaträger an. Nach dem Marinieren wird das Obst kurze Zeit bei voller Leistung gegart; es sollte noch den nötigen Biß haben. Wer die Flüssigkeit beim Kompott liebt, der sollte frisch gepreßten Saft der jeweiligen Frucht angießen, nochmals erhitzen und abschmecken.
Für süße Fruchtsoßen verwendet man in der Mikrowelle in erster Linie frisches Fruchtmark. Mit nur wenig Flüssigkeit, wie Sahne, Obstsaft oder Wein, werden die vorbereiteten Früchte püriert und mit Aromaträgern verfeinert. Das Püree erhitzen und nach Belieben mit Speisestärke oder ähnlichem binden.

FLEISCH UND GEFLÜGEL

Grundsätzlich sollten Sie die großen Fleischstücke, wie Braten von Rind, Schwein, Kalb oder Wild sowie ganze Hähnchen, Enten oder Gänse nicht in der Mikrowelle zubereiten. Zum einen wird der Braten bei dieser Garmethode nicht braun, das heißt, er bleibt ohne Kruste. Zum anderen kann es sehr leicht passieren, daß das Fleischstück außen recht trocken wird, während innen noch ein blutiger Kern bleibt. Für große Braten ist ein Kombigerät der ideale Partner. Gulasch, Ragout oder Geschnetzeltes gelingen in der Mikrowelle sehr gut, ebenso alle Hackfleischgerichte, die nicht so intensiv bräunen müssen.

Grundrezept Fleisch und Geflügel

Fleisch und Geflügelstücke müssen Sie vor dem Garen gründlich waschen und peinlichst trockentupfen. Erst danach wird das Fleisch sparsam gewürzt. Wie Gemüse wird Fleisch nur mit ganz wenig Fett und Flüssigkeit geschmort. Bei 600 Watt Leistung benötigen 500 Gramm Fleisch 15 bis 25 Minuten. Falls Sie Gemüse zu Ihrem Geschnetzelten dazugeben wollen, sollten Sie dies erst kurz vor dem Ende der Garzeit des Fleisches tun und die Garzeit vom Gemüse ganz einfach dazurechnen. So ist garantiert, daß beide wirklich gar sind.
Bei allen Zubereitungen mit Fleisch und Geflügel wird die Flüssigkeit erst nach Garzeitende angegossen. Auch hierfür haben sich Fertigprodukte als Basis bewährt. Ideal ist es natürlich, seine hausgemachten Bratenfonds und Brühen zu verwenden, die Sie auf konventionelle Art kochen und portionsweise einfrieren können. Die Flüssigkeit darf jedoch noch nicht gebunden sein.
Wer dennoch Fleischstücke in der Mikrowelle kochen will, sollte auf jeden Fall die Kerntemperatur mit Hilfe eines Fleischthermometers bestimmen. Achten Sie aber darauf, daß Sie mit diesem Thermometer wirklich in die Mitte und die dickste Stelle des Fleisches einstechen, denn nur so wird der richtige Wert angezeigt.
Wer auf die Geschmacksstoffe des Röstens in seinen Speisen nicht verzichten will, kann auch ein Bräunungsgeschirr verwen-

den oder ganz einfach die Fleischstücke zuerst auf der Herdplatte in einer normalen Pfanne scharf anbraten.

EIER

Vorsicht, Sie sollten niemals Eier in der Schale im Mikrowellengerät erhitzen. Durch das Erhitzen entsteht innerhalb der Schale ein Überdruck, der sie explosionsartig zerspringen läßt. Für Spiegeleier oder Rühreier sowie Omelettes kann man das Serviergeschirr mit wenig Fett einstreichen. Sie gelingen aber auch ohne Fett.

Bei der Zubereitung von Spiegeleiern sollten Sie die Dotter leicht einstechen, denn auch diese können platzen. Das gleiche gilt auch bei Eiern im Glas.
Bei allen Aufläufen oder anderen Gerichten, bei denen das Ei als Bindemittel eingesetzt wird, erzielen Sie gute bis sehr gute Ergebnisse in der Mikrowelle. Besonders beliebt ist die Mischung von Eiern und geriebenem Käse mit Joghurt, saurer Sahne oder Crème fraîche. Mit dieser Mischung können Sie fast alle Gerichte, ob Gemüse oder Fleisch, aber auch Fisch und Aufläufe, ausgezeichnet überziehen.

FISCH UND MEERESFRÜCHTE

Wie bei Gemüse, so gelingt auch die Zubereitung von Fisch und Meeresfrüchten in der Mikrowelle besonders gut. Bedingt durch die zarte Struktur des Fleisches und die kurzen Garzeiten erhalten diese Produkte ein vorzügliches Aroma.

Grundrezept Fisch

Bei der Vorbereitung ändert sich zunächst nichts: das Säubern, Säuern und Salzen, die Drei-S-Methode, ist Ihnen sicher bekannt.
Fische sollten Sie, wenn Sie sie mit Flüssigkeit garen, immer in den heißen Sud legen und dann bei mittlerer Leistung (etwa 350 Watt) fortkochen.
Beim Dünsten der Fischstücke stellen Sie besser die volle Leistung Ihres Gerätes ein, um eine möglichst kurze Garzeit zu erhalten. 500 Gramm Fischfilet werden bei einer Leistung von 600 Watt in 8 bis 10 Minuten gar, im Sud dauert dieser Vorgang bei 350 Watt Leistung 12 bis 15 Minuten.
Generell sollten Sie, und dies gilt besonders für Fisch, nach dem Garen eine 5minütige Ruhephase einplanen, denn so kann sich die Hitze gleichmäßig verteilen und das Aroma ausbreiten.

Eine opalweiße Farbe zeigt, daß der Fisch gar ist. Die Gewebeteile sollten sich leicht voneinander lösen lassen. Mehrfaches Testen bewahrt vor dem Verkochen.
Fisch und Meeresfrüchte sollten stets in einem abgedeckten Gefäß gegart werden, damit die Flüssigkeit bewahrt und ein Austrocknen der Oberfläche vermieden wird.
Fischsteaks, Filet, Shrimps und kleinere Meerestiere sollten Sie erst kurz vor dem Servieren garen. Soßen werden mit dem Garen zubereitet. Flüssigkeit ist genügend im Gefäß vorhanden.
Geben Sie die Gewürze und Beilagen nach gewohnter Rezeptur bei. Vermeiden sie Salz, da es dem Fleisch Flüssigkeit entzieht. Erst nach der Fertigstellung leicht salzen.
Gefrorenen Fisch erst auftauen und anschließend garen. Wenn sich die Stücke voneinander trennen lassen, ist der Antauvorgang beendet.

Magere Fische (Schellfisch, Flundern, Heilbutt) möglichst mit Soße garen. Fette Fische (Hering, Makrele, Forelle) mit Tomatensoße, Zitronensaft oder ohne Zusatz im Bräunungsgeschirr grillen. Die Garzeiten liegen bei 5 bis 7 Minuten für 500 Gramm (abgedeckt garen).

Muschelfleisch, Krabben, Austern, Krebse sind mager und gelingen am besten mit Soßen oder durch Übergießen mit Butter und Zusatz von Kräutern oder Wein. Auch bei den Meeresfrüchten stets Geschirr mit geschlossenem Deckel verwenden.

NÄHRMITTEL

Kartoffeln
Die Kartoffel als liebste Beilage in unserer Küche gelingt auch in der Mikrowelle vorzüglich, wenn Sie einige Grundregeln beachten. Generell sollten Sie nur kleine Mengen bis 500 Gramm in der Mikrowelle garen. Größere Kartoffelmengen gehören in den Topf und werden auf der Herdplatte wie gewohnt gegart.
Verwenden Sie immer gleich große Kartoffeln oder Kartoffelstücke, da sonst die Garzeiten unterschiedlich sind und es vorkommen kann, daß sich unter den garen noch harte Stücke befinden.
Beim Garen von Salzkartoffeln ist es erforderlich, eine größere Flüssigkeitsmenge als bei Gemüse anzugießen. Die Kartoffeln benötigen mehr Feuchtigkeit, da sie leicht eine ledrige Haut bekommen. Dies ist unansehnlich und schmeckt zudem nicht gut.
Verschließen Sie das Gefäß mit einem passenden Deckel. So kann sich der Dampf an der Deckeloberfläche sammeln und auf das Gargut tropfen.
Beim Garen von Pellkartoffeln sollten Sie die gesäuberten Kartoffeln immer zuerst mehrmals mit einer Gabel einstechen,

um ein Zerreißen oder Platzen zu verhindern. Wählen Sie auch hierfür immer gleich große Kartoffeln. Diese sollten Sie niemals übereinanderschichten, sondern am besten immer nebeneinander und kreisförmig in das Gargefäß legen.
Je nach Sorte und Erntezeit ist dann die Garzeit, die mit einem Mittelwert von 5 Minuten für 250 Gramm und einer Mikrowellenleistung von 600 Watt angegeben wird, nur ein Richtwert.

Reis und Teigwaren
Was für die Kartoffeln gilt, trifft auch für das Garen von Reis und Teigwaren zu. Größere Mengen sollten Sie weiterhin in einem Topf auf dem Herd garen. Für 1 Tasse Reis benötigt man etwa 2 Tassen leicht gesalzenes Wasser. Das gleiche gilt auch für die Teigwaren.

Der Reis wird dann mit der Flüssigkeit bei 600 Watt in 5 bis 6 Minuten zum Kochen gebracht und bei 150 Watt 15 bis 20 Minuten fortgekocht. Bei dieser niedrigen Wattleistung kann der Reis ausquellen.
Auch die Teigwaren werden zunächst bei voller Leistung erhitzt. Die Dauer des Fortkochens richtet sich allerdings nach der Größe und der Stärke der Nudeln, 5 bis 15 Minuten kann die Fortkochzeit betragen. Einige Tropfen Öl verhindern bei der Zubereitung das Verkleben von Reis und Teigwaren. Auf jeden Fall sollten Sie auch hier während des Garens mehrmals umrühren.

SPEZIELLE KOCHTECHNIKEN

Soßen und Suppen binden
Die Fett-Mehl-Bindung der herkömmlichen Mehlschwitze ist für die Mikrowelle nicht geeignet, da sie sich durch die Schwingungen auflöst. Verwenden Sie zum Binden deswegen Speisestärke, die Sie in wenig Flüssigkeit aufgelöst haben, oder fertige Soßenbinder.
Ideal zum Binden sind auch Gemüsepürees oder Kartoffelpüreeflocken.
Wollen Sie unbedingt mit Mehl binden, so verwenden Sie Mehlbutter. Für 1/2 Liter Flüssigkeit verkneten Sie 1 Eßlöffel Mehl mit 1 Eßlöffel Butter und rühren diese Mischung nach dem Garen in die Flüssigkeit, dabei so lange rühren, bis sie sich auf-

gelöst hat. Danach bei 600 Watt noch 1 Minute aufkochen und binden lassen.
Allerdings sollten Sie das Gericht dann nicht mehr allzulange stehen lassen oder erneut erwärmen, da, wie bereits erwähnt, die Bindung verlorengeht. Gerichte, die Sie zum Einfrieren vorbereiten, dürfen ebenfalls nicht mit Mehl gebunden sein, da das gleiche Maleur beim Erhitzen in der Mikrowelle eintritt.

Pudding
Pudding bereitet man wie gewohnt zu. Von der Milch 6 Eßlöffel abnehmen und mit dem Puddingpulver anrühren. Zwischenzeitlich den Rest der Milch in einer Glaspuddingform bei 600 Watt 3 Minuten erhitzen, aus dem Gerät nehmen und das angerührte Puddingpulver einrühren, bis die Milch eine gleichmäßige Färbung hat, das

Ganze nochmals 2 bis 3 Minuten erhitzen, bis die Masse am Rand zu brodeln beginnt.
Dann das Gefäß entnehmen, einmal gut durchrühren und kalt stellen. Der Vorteil besteht darin, daß das lästige Umrühren entfällt und der Pudding nicht am Topfboden anbrennt. Außerdem entfällt das aufwendige Topfreinigen, da die Zubereitung in der Stürzform erfolgt.

Kuchenglasuren schmelzen
Kuchenglasuren lassen sich im Mikrowellenherd leicht schmelzen. Geben Sie die feste Masse (150 Gramm) in ein Gefäß, und decken Sie sie mit Folie oder einem Glasteller ab. Bei 600 Watt etwa 1 1/2 Minuten erhitzen.

Butter schmelzen
Butter in eine kleine Schüssel geben und zugedeckt erhitzen. Für 150 Gramm brauchen Sie bei 600 Watt etwa 1 1/2 Minuten.

Flüssigkeiten erhitzen
Zum Erhitzen von Flüssigkeiten können Sie alle Behälter benutzen, sofern sie hitzebeständig sind und keine Metallverzierung oder Metallteile besitzen.
Bei 600 Watt brauchen Sie für
200 ml etwa 2 1/4 Minuten
400 ml etwa 4 1/4 Minuten
600 ml etwa 6 Minuten
1 l etwa 10 Minuten

ZU DEN REZEPTEN

Beim Kochen mit dem Mikrowellengerät kommt es manchmal auf Sekunden an. Trotzdem gibt es auch Toleranzen. Verlassen Sie sich daher nie blind auf angegebene Garzeiten. Die Zeitangaben in den Rezepten sowie die genannten Leistungsstufen (in %) sind Mittelwerte. Etwas kürzere oder längere Kochzeiten sind durchaus möglich. Dies hängt von dem benutzten Geschirr, der Mengenabweichung und dem Fett- oder Feuchtigkeitsgehalt der Zutaten ab.

Die Rezepte dieses Buches wurden in einem Mikrowellenherd mit 600 Watt (=100%) Leistung zubereitet. Die Zeitangaben beziehen sich auf diese Leistung; wenn Sie ein stärkeres oder schwächeres Gerät haben, verkürzen beziehungsweise verlängern sich die Garzeiten. Als Faustregel zur Umrechnung der Garzeiten gilt: Pro 100 Watt Unterschied rechnen Sie etwa 20% von der angegebenen Garzeit dazu oder ziehen sie ab. Desweiteren finden Sie auf den Seiten 16 und 17 Tabellen, nach denen Sie sich richten können. Rezepte, die speziell für Mikrowellen-Kombigeräte konzipiert sind, erkennen Sie an dem (K) nach dem Rezeptnamen.

SUPPEN UND EINTÖPFE

Grundrezept Brühe

Zutaten für 2 Personen
250 ml Wasser oder kohlensäurearmes Mineralwasser
5 g oder 1/2 Würfel gekörnte Gemüse-, Fleisch- oder Geflügelbrühe

Zubereitung
1 Die Brühpaste beziehungsweise den halben Brühwürfel in eine Schale mit Wasser geben und abgedeckt 3 1/2 Minuten bei 600 Watt in der Mikrowelle erhitzen. Wahlweise kann man hierfür bereits eine mikrowellengeeignete Suppenterrine nehmen. Nach der Hälfte der Kochzeit einmal umrühren.

2 Aus der Mikrowelle nehmen, umrühren, einige Minuten stehen lassen und nochmals umrühren. Diese Grundbrühe sofort für die Zubereitung einer Suppe verwenden; nicht länger als einen Tag im Kühlschrank aufheben.
(Foto Seite 47)

Tip
Bei Gemüsesuppen garen Sie erst das klein geschnittene Gemüse und füllen dann mit Gemüsebrühe oder Fleischbrühe auf. Bei Nudel- oder Reissuppen geben Sie alle Zutaten gleichzeitig in die Terrine. Für Suppen mit mehr als 1 Liter Flüssigkeit ist es ratsam, mit heißer Flüssigkeit aufzufüllen. Suppen kocht man mit den Garstufen (75 bis 100%) an und schaltet dann auf Fortkochen (50–75%) zurück.

Sauerampfersuppe

Zutaten für 2 Personen
1 Zwiebel
1 große Kartoffel
1 Stück Sellerie
1 kleine Karotte
2 EL Butter oder Margarine
etwas Zitronensaft
1 Schuß Weißwein
50 g Sauerampferblätter
1/4 l Gemüsebrühe
1/2 Becher Sahne, 2 Eigelb
Salz, weißer Pfeffer
1 Prise Cayennepfeffer
etwas Worcestersoße
1 Prise Zucker
Kräuterzweige zum Garnieren

Zubereitung
1 Das Gemüse schälen und alles in kleine Würfel schneiden, mit der Butter oder Margarine in eine mikrowellengeeignete Form geben, mit Zitronensaft und Weißwein beträufeln. Die Form verschließen und das Gemüse bei 100% Leistung 7 bis 8 Minuten garen.
2 Nun die geputzten und grobgeschnittenen Sauerampferblätter hinzufügen, die Gemüsebrühe angießen und die Form verschließen. Bei 100% Leistung 4–5 Minuten erhitzen.
3 Anschließend das Ganze im Mixer oder mit dem Pürierstab pürieren. Die Sahne mit den Eigelben verrühren und die Suppe damit legieren.
4 Die Sauerampfersuppe mit Salz, Pfeffer, Cayennepfeffer, Worcestersoße, Zucker und Zitronensaft kräftig abschmecken.
5 Die Sauerampfersuppe je nach Bedarf nochmals erhitzen, jedoch nicht mehr kochen lassen. Die Suppe mit Kräuterzweigen garniert servieren.

Blumenkohlcremesuppe

Zutaten für 2 Personen
250 g Blumenkohlröschen
1 Zwiebel
1 Schuß Weißwein
1 EL Butter oder Margarine
1/4 l Gemüsebrühe
2 EL Vollkornhaferflocken
3 EL Crème fraîche
Salz
schwarzer Pfeffer aus der Mühle
1 Prise Muskatpulver
einige Tropfen Zitronensaft
1 Prise Cayennepfeffer
4 EL geröstete Mandelblättchen
2 EL gehackte Petersilie

Zubereitung

1 Die Blumenkohlröschen unter fließendem Wasser kräftig abwaschen. Die Zwiebel schälen und fein hacken.

2 Beides mit dem Weißwein und der Butter oder Margarine in eine mikrowellengeeignete Form geben. Die Form verschließen und den Blumenkohl bei 100% Leistung 5–6 Minuten garen.

3 Anschließend die Gemüsebrühe angießen. Die Vollkornhaferflocken dazugeben und das Ganze im Mixer oder mit dem Pürierstab pürieren.

4 Die Crème fraîche unterziehen. Mit Salz, Pfeffer, Muskatpulver, Zitronensaft und Cayennepfeffer kräftig würzen.

5 Die Suppe erneut in das Mikrowellengeschirr geben und zugedeckt bei 100% Leistung 5–6 Minuten erhitzen.

6 Nach Ende der Garzeit die Blumenkohlsuppe nochmals abschmecken, anrichten, mit gerösteten Mandelblättchen und Petersilie bestreut servieren.

(Foto Seite 49)

Zucchinicremesuppe mit Gemüseperlen

Zutaten für 2 Personen
1 EL Butter oder Margarine
1 kleine Zwiebel
250 g grüne Zucchini
1/2 Tasse Weißwein
1/2 l Gemüsebrühe
Salz
weißer Pfeffer aus der Mühle
1 Prise Cayennepfeffer
1 Prise Muskatpulver
1 Prise Zucker
einige Tropfen Zitronensaft
1/2 Tasse geschlagene Sahne

außerdem:
1 EL Butter
100 g Karotten
100 g Zucchini
1 Schuß Weißwein

Zubereitung

1 Die Butter oder Margarine in ein mikrowellengeeignetes Geschirr geben und die geschälte und fein gehackte Zwiebel dazugeben.

2 Das Mikrowellengeschirr verschließen und bei 100% Leistung 1–2 Minuten garen.

3 Die Zucchini putzen, waschen, in Würfel schneiden und zu der Zwiebel in das Mikrowellengeschirr geben.

4 Den Weißwein angießen, das Geschirr verschließen und bei 100% Leistung 3–4 Minuten garen.

5 Die heiße Gemüsebrühe angießen und die Suppe im Mixer oder mit dem Pürierstab pürieren.

6 Die Zucchinicremesuppe erneut erhitzen, mit Salz, Pfeffer, Cayennepfeffer, Muskat, Zucker und Zitronensaft kräftig würzen.

7 Die geschlagene Sahne unterziehen und die Suppe bereitstellen.

8 Die Butter oder Margarine in ein mikrowellengeeignetes Geschirr geben. Die Karotten schälen und die Zucchini putzen.

9 Mit dem Kugelausstecher aus dem Gemüse Kugeln oder Perlen ausstechen und in die Butter geben.

10 Etwas Weißwein zum Gemüse geben, das Mikrowellengeschirr verschließen und das Gemüse bei 100% Leistung 3–4 Minuten garen.

11 Nach Ende der Garzeit die Gemüseperlen in die Zucchinicremesuppe geben. Das Ganze nochmals erhitzen, anrichten und servieren.

(Foto Seite 51)

Italienische Gemüsesuppe

Zutaten für 2 Personen
1 Zwiebel
1 kleiner Zucchino
1 Karotte
1 Stück Stangensellerie
1 EL Butter oder Margarine
1 Schuß Weißwein
1 Tasse Gemüsebrühe (150 ml)
1 kleines Lorbeerblatt
1 Zweig Oregano
1 Zweig Basilikum
100 g gekochte Vollkornnudeln (Muscheln, 35 g Rohprodukt)
2 EL Tomatenmark
1/4 l Gemüsebrühe
3 EL Parmesankäse
Salz, schwarzer Pfeffer
1 Prise Muskatpulver
Kräuterzweige zum Garnieren

Zubereitung
1 Die Zwiebel schälen und fein hacken. Den Zucchino, die Karotte und den Sellerie putzen, waschen und in Würfel schneiden.
3 Das Gemüse mit der Butter oder Margarine und dem Weißwein sowie der Gemüsebrühe in eine mikrowellengeeignete Form geben.

4 Das Lorbeerblatt, den Oregano und das Basilikum dazugeben, die Form verschließen und das Gemüse bei 100% Leistung 6–7 Minuten garen.
5 Anschließend die Nudeln mit dem Tomatenmark unter das Gemüse ziehen und mit der Gemüsebrühe auffüllen. Bei 100% Leistung weitere 4–5 Minuten fortgaren.
6 Den Parmesankäse unter die Gemüsesuppe ziehen. Mit Salz, Pfeffer und Muskatpulver kräftig würzen.
7 Die Gemüsesuppe anrichten, mit Kräuterzweigen garnieren und sofort servieren.
(Foto Seite 52)

Deftiger Kartoffeltopf

Zutaten für 4 Personen
250 g Schweinenacken
250 g Lammfleisch
2 EL Olivenöl
1 TL Salz
1 Knoblauchzehe
1 TL Tymian
1 TL Rosmarin
Salz
schwarzer Pfeffer aus der Mühle
1 kleine Dose geschälte Tomaten
1 Tasse Rotwein
2 Zwiebeln
2 Karotten
300 g Kartoffeln
3/4 l Gemüsebrühe
1 Lorbeerblatt
1 Bund Petersilie

Zubereitung
1 Das Fleisch in kleine Würfel schneiden.
2 Das Olivenöl in einem Anbratgeschirr oder geeigneten Mikrowellengeschirr bei 100% Leistung 2–3 Minuten erhitzen. Das Fleisch dazugeben und bei voller Leistung 10 Minuten garen.
3 Die mit Salz zerriebene Knoblauchzehe, Thymian und Rosmarin dazugeben und mit Salz und Pfeffer abschmecken.
4 Mit Tomaten und Rotwein auffüllen, das Geschirr verschließen und bei 75% weitere 25–30 Minuten garen.
5 Zwiebeln, Karotten und Kartoffeln schälen und in Würfel schneiden. Zum Fleisch geben und bei 75% Leistung 10 Minuten garen.
6 Den Kartoffeltopf nochmals abschmecken und mit gehackter Petersilie bestreut servieren.
(Foto Seite 55: rechts)

Nudeltopf mit Räucherspeck

Zutaten für 4 Personen
500 g durchwachsener geräucherter Bauchspeck
1 l Gemüsebrühe
1 Zwiebel
2 Karotten
1 Stück Lauch
200 g dicke TK-Bohnen
200 g grüne TK-Bohnen
1 TL Bohnenkraut
1 Schuß Obstessig
400 g gekochte Eiernudeln
Salz
Pfeffer
1 Prise Zucker
1 Prise Speisewürze
1 Bund Schnittlauch

Zubereitung
1 Den Speck klein würfeln, mit der Brühe und der gehackten Zwiebel in ein Mikrowellengeschirr geben. Zugedeckt bei 75% Leistung 40–45 Minuten garen.
2 Karotten und Lauch putzen, klein schneiden und mit dem Tiefkühlgemüse zum Fleisch geben.
3 Mit Bohnenkraut und Obstessig würzen und das Ganze bei 75% weitere 15–20 Minuten garen.
4 Die Nudeln dazugeben, bei 100% Leistung 5 Minuten erhitzen, mit Salz, Pfeffer sowie je einer Prise Zucker und Speisewürze abschmecken und mit Schnittlauchröllchen bestreut servieren.
(Foto Seite 55: links)

Zwiebelsuppe mit Mettklößchen

Zutaten für 2 Personen
2 EL Margarine
4 Zwiebeln
1 Stange Lauch
2 Karotten
1 TL Salz
1 Knoblauchzehe
1 Schuß Weißwein
1 EL Tomatenmark
1 l Fleischbrühe

Klößchen:
1 eingeweichtes altbackenes Brötchen
400 g gut gewürztes Mett
1 EL mittelscharfer Senf
1 Ei
2 EL frisch geschnittener Schnittlauch
1 TL Majoran
1 TL Thymian
Salz
Pfeffer aus der Mühle

außerdem:
1 Prise Muskatpulver
1 Prise gemahlener Kümmel
1 Becher saure Sahne
1/2 Bund Schnittlauch

Zubereitung

1 Die Margarine in ein großes Mikrowellengeschirr geben.
2 Zwiebeln, Lauch und Karotten putzen, klein schneiden und mit der in Salz zerriebenen Knoblauchzehe in das Mikrowellengefäß zur Margarine geben.
3 Mit einem Schuß Weißwein angießen und zugedeckt bei 100% Leistung 8–10 Minuten garen.
4 Das Tomatenmark unterrühren und mit der Fleischbrühe auffüllen. Bei 75% Leistung weitere 8–10 Minuten garen.
5 Für die Klößchen das gut ausgedrückte Brötchen mit Mett, Senf, Ei und den Kräutern gut verkneten und mit Salz und Pfeffer würzen.
6 Mit zwei Teelöffeln kleine Klößchen abstechen und in die Suppe geben. Zugedeckt bei 75% Leistung 8–10 Minuten garen.
7 Die Zwiebelsuppe mit Salz, Pfeffer, Muskat und Kümmel abschmecken und mit je einem Klacks saurer Sahne und Schnittlauchröllchen garnieren.
(Foto Seite 55: Mitte)

Schwäbischer Linseneintopf

Zutaten für 2 Personen
1 Zwiebel
1 Karotte
1 Stück Sellerie
1 Stück Lauch
1 Knoblauchzehe
1 TL Salz
2 EL Butter oder Margarine
1 Glas Rotwein
2 EL Tomatenmark
1 Dose Linsengemüse (500 g Gemüseeinwaage)
2 EL Obstessig
1 TL Majoran
1 EL Honig
Salz
schwarzer Pfeffer aus der Mühle
1 Prise Cayennepfeffer
2 Paar Sojawürstchen oder andere Würstchen nach Geschmack
2 EL Crème fraîche
2 EL geschnittener Schnittlauch

Zubereitung

1 Die Zwiebel, die Karotte, den Sellerie und den Lauch putzen und in feine Würfel schneiden.

2 Die Knoblauchzehe schälen, fein hacken und mit dem Salz zu einer Paste zerreiben.

3 Das Gemüse mit der Butter oder Margarine, dem Rotwein und der Knoblauchpaste in eine mikrowellengeeignete Form geben. Die Form verschließen und das Gemüse bei 100% Leistung 5–6 Minuten garen.

4 Anschließend das Tomatenmark unterrühren und das Linsengemüse dazugeben.

5 Den Obstessig, den Majoran und den Honig in den Linseneintopf rühren, mit Salz, Pfeffer und Cayennepfeffer kräftig würzen.

6 Die Würstchen dazugeben und das Ganze bei 100% Leistung nochmals 5–6 Minuten garen.

7 Den Linseneintopf nochmals abschmecken, mit Crème fraîche verfeinern, anrichten und mit Schnittlauch bestreut servieren.

(Foto Seite 57)

Weißkohltopf

Zutaten für 2 Personen
1 Zwiebel
1 EL Butter oder Margarine
1 Karotte
1 Stück Lauch
1 große Kartoffel
250 g Weißkohl
1 säuerlicher Apfel
1 kleines Lorbeerblatt
2 Nelken
einige Pfefferkörner
einige Wacholderbeeren
1 TL Kümmel
1/4 l Gemüsebrühe
4 EL Crème fraîche
Salz
schwarzer Pfeffer aus der Mühle
1 Prise Cayennepfeffer
1 Prise Zucker
4 EL geschnittener Schnittlauch

Zubereitung

1 Die Zwiebel schälen und fein hacken. Mit der Butter oder Margarine in eine mikrowellengeeignete Form geben.

2 Die Karotte schälen und in Würfel schneiden.

3 Den Lauch putzen, waschen und in Würfel oder feine Ringe schneiden.

4 Die Kartoffel schälen und ebenfalls würfeln.

5 Den Weißkohl putzen und in dünne Streifen schneiden.

6 Den Apfel schälen, den Blütenansatz und das Kerngehäuse entfernen und anschließend das Apfelfruchtfleisch in kleine Würfel schneiden.

7 Das Gemüse und den Apfel zu der Zwiebel geben. Das Lorbeerblatt, die Nelken, die Pfefferkörner, die Wacholderbeeren und den Kümmel untermischen.

8 Eine Tasse Gemüsebrühe angießen, die Form verschließen und das Gemüse bei 100% Leistung 6–7 Minuten garen.

9 Nach Ende der Garzeit die restliche Gemüsebrühe angießen und zugedeckt weitere 6–7 Minuten fortgaren.

10 Den Weißkohltopf mit Crème fraîche verfeinern, mit Salz, Pfeffer sowie je einer Prise Cayennepfeffer und Zucker kräftig würzen.

11 Mit Schnittlauchröllchen bestreut servieren.

Wildkräutersuppe mit Sahnehaube

Zutaten für 4 Personen
4 EL feines Gerstenvollkornschrot
1 l Gemüsebrühe
20 g frische Wild- und andere Kräuter (Löwenzahn, Sauerampfer, Schafgarbe, Brennesselspitzen, Basilikum, Thymian)
1 Prise Salz
1 Prise Muskatpulver
2 EL Butter
1 Tasse geschlagene Sahne

Zubereitung
1 Das Gerstenvollkornschrot in ein mikrowellengeeignetes Geschirr geben und bei 100% Leistung 2–3 Minuten erhitzen.
2 Die Gemüsebrühe angießen, gut durchrühren, das Mikrowellengeschirr verschließen und bei 100% Leistung 6–8 Minuten sowie bei 50% Leistung 8–10 Minuten garen.
3 Die Kräuter verlesen, waschen, abtropfen lassen und fein hacken bzw. schneiden.
4 Die Suppe mit Salz und Muskat würzen. Zum Schluß die Kräuter, die Butter und die Sahne unterheben.
(Foto Seite 59)

GEMÜSE

Blumenkohlgemüse

Zutaten für 4 Personen
600 g Blumenkohl
150 ml Gemüse- oder Fleischbrühe
1 Tasse Crème fraîche
Meersalz
weißer Pfeffer aus der Mühle
1/2 Bund Dill

Zubereitung

1 Den Blumenkohl putzen, waschen, gut abtropfen lassen und in Röschen schneiden oder brechen.

2 Den Blumenkohl mit der Brühe in ein mikrowellengeeignetes Geschirr geben und bei 100% Leistung 8–12 Minuten garen.

3 Die Crème fraîche unterziehen, das Ganze mit Salz und Pfeffer aus der Mühle kräftig würzen.

4 Den Dill verlesen, waschen, gut abtropfen lassen, fein hacken und unter den Blumenkohl heben.

5 Das Mikrowellengeschirr verschließen und das Gemüse erneut bei 100% Leistung 4–6 Minuten erhitzen, nochmals abschmecken, anrichten und servieren.

(Foto Seite 61)

Erbsen und Karotten à la crème

Zutaten für 2–3 Personen
450 g TK-Erbsen und -Möhren
Salz
weißer Pfeffer aus der Mühle
1 TL Zucker
100 ml Sahne
1 Eigelb
3 EL gehackte Petersilie

Zubereitung
1 Erbsen und Karotten in eine mikrowellengeeignete Schüssel geben, mit Salz, Pfeffer und Zucker würzen und etwa 10 Minuten bei 100% Leistung garen.
2 Inzwischen die Sahne mit dem Eigelb verquirlen, über das Gemüse geben und gut durchrühren.
3 Nochmals bei gleicher Leistung etwa 1 Minute erhitzen, bis das Ei bindet. Nicht mehr kochen lassen, da sonst das Ei gerinnt!
4 Mit Petersilie bestreut servieren.

Tip
Auf gleiche Weise können Sie auch junge dicke Bohnen, dünn geschnittenen Kohlrabi oder andere feine Gemüse schnell und einfach garen.

Mariniertes Gemüse

Zutaten für 2 Personen
75 g Blumenkohlröschen
75 g Brokkoliröschen
1 kleine Karotte
1 Stück Fenchelknolle
1 Zwiebel
1 Knoblauchzehe
2 EL Olivenöl
1 Schuß Weißwein
1/2 Tasse Gemüsebrühe (75 ml)
2 EL Obstessig
einige Tropfen Zitronensaft
einige Tropfen Worcestersoße
2 Tomaten
je 1 EL gehackte Kräuter (Petersilie, Estragon, Kerbel, Melisse)
Salz, schwarzer Pfeffer
1 Prise Zucker
Kräuterzweige zum Garnieren

Zubereitung
1 Die Blumenkohl- und Brokkoliröschen in mundgerechte Stücke schneiden.
2 Die Karotten schälen, die Fenchelknolle eventuell etwas putzen, beides in Scheiben schneiden und würzen.
3 Die Zwiebel und die Knoblauchzehe schälen, fein hacken und mit dem Gemüse, dem Olivenöl und dem Weißwein,

der Gemüsebrühe und dem Obstessig in eine mikrowellengeeignete Form geben.
4 Das Ganze mit Zitronensaft und Worcestersoße beträufeln, die Form verschließen und das Gemüse bei 100% Leistung 6–7 Minuten garen.
5 Inzwischen die Tomaten mit kochendem Wasser überbrühen und enthäuten, den grünen Stielansatz entfernen. Die Früchte anschließend entkernen und in Würfel schneiden.
6 Das Gemüse aus der Mikrowellenform herausnehmen, die gehackten Kräuter und die Tomatenwürfel unterziehen.
7 Das Ganze mit Salz, Pfeffer und Zucker kräftig würzen, dann in den Kühlschrank stellen und dort mindestens 30 Minuten ziehen lassen.
8 Anschließend das Gemüse nochmals abschmecken, anrichten und mit Kräuterzweigen garniert servieren.
(Foto Seite 63)

Kräuterchampignons (K)

Zutaten für 4 Personen
600 g große frische Champignonköpfe
30 g Butter oder Margarine
1 EL gehackte Petersilie
1 EL gehacktes Oregano
1 EL gehacktes Basilikum
1 Knoblauchzehe
1 TL Salz
Salz
Pfeffer aus der Mühle
1–2 EL Semmelbrösel
Olivenöl zum Ausfetten

Zubereitung
1 Die Champignons putzen, waschen, gut abtropfen lassen und die Stiele herausdrehen.
2 Die Stiele fein hacken und in eine Schüssel geben.
3 Die Butter oder Margarine dazugeben und bei 100% Leistung 1–2 Minuten garen.
4 Anschließend die gehackten Kräuter und die mit 1 Teelöffel Salz zerriebene Knoblauchzehe unterrühren.
5 Die Semmelbrösel unter die Kräutermasse ziehen und anschließend in die Champignonköpfe füllen.
6 Die Champignonköpfe in eine ausgefettete Auflaufform setzen, mit einigen Butterflöckchen belegen und im Kombigerät bei 180° C und 40% Leistung 10–12 Minuten garen, herausnehmen und mit Kräuterzweigen garniert servieren.

Ratatouille

Zutaten für 4 Personen
4 Zwiebeln
300 g rote und gelbe Paprikaschoten
300 g Zucchini
300 g Auberginen
1 EL Salz
4 EL Olivenöl
3 Knoblauchzehen
1 TL Salz
3 Tomaten
2 EL gehackte Kräuter (Thymian, Basilikum, Estragon)
Salz, schwarzer Pfeffer
2 Tassen Gemüse- oder Fleischbrühe

Zubereitung
1 Die Zwiebeln schälen und in feine Würfel schneiden.
2 Die Paprikaschoten halbieren, entkernen, waschen, gut abtrop-

fen lassen und ebenfalls fein würfeln.

3 Die Zucchini putzen, waschen und in Würfel schneiden.

4 Die Auberginen waschen, in Würfel schneiden, mit Salz bestreuen und 10 Minuten ziehen lassen. Erneut waschen und gut abtropfen lassen.

5 Die Knoblauchzehen schälen, fein hacken und mit Salz zu einer Paste zerreiben.

6 Die Tomaten enthäuten, entkernen und in Würfel schneiden.

7 Die Zwiebeln, die Paprikaschoten, die Zucchini und die Auberginen mit dem Olivenöl und den Knoblauchzehen in ein mikrowellengeeignetes Geschirr geben, den Deckel verschließen und alles bei 100% Leistung 8–12 Minuten garen.

8 Die Tomatenwürfel und die Kräuter unterheben, mit Salz und Pfeffer kräftig würzen und die Brühe angießen.

9 Das Mikrowellengeschirr verschließen, bei 100% Leistung 4–6 Minuten und bei 50% Leistung weitere 6–8 Minuten köcheln lassen.

10 Nach Ende der Garzeit nochmals kräftig abschmecken, anrichten und servieren.

(Foto Seite 65)

Geschmorter Lauch mit Speck (K)

Zutaten für 4 Personen
700 g Lauch ohne Grün
16 dünne Speckscheiben
1 EL Butter oder Margarine
2 EL gehackte Schalotten
1 Tasse Brühe
Salz
schwarzer Pfeffer aus der Mühle
1 Prise Muskatpulver
Kräuterzweige zum Garnieren

Zubereitung

1 Den Lauch putzen, waschen, in 16 Stücke schneiden und mit den dünnen Speckscheiben umwickeln.

2 Eine Backform mit der Butter ausfetten und den Lauch einsetzen.

3 Die Schalotten darüberstreuen und das Ganze mit der Brühe begießen.

4 Mit Salz, Pfeffer und Muskat kräftig würzen, in das Kombigerät stellen.

5 Bei 180° C und 40% Leistung 12–15 Minuten garen.

6 Nach Ende der Garzeit den geschmorten Specklauch anrichten, nach Geschmack mit Kräuterzweigen garnieren und sofort servieren.

(Foto Seite 66)

Brokkoli mit Pinienkernen

Zutaten für 4 Personen
600 g Brokkoli
1 Zwiebel
1 Knoblauchzehe
30 g Butter oder Margarine
30 g Pinienkerne oder andere Nüsse
200 ml leicht gesalzene Gemüsebrühe
Saft von 1 Zitrone
Meersalz
Pfeffer aus der Mühle
1 EL gehackte Kräuter

Zubereitung

1 Die Brokkoli verlesen, waschen, gut abtropfen lassen und in kleine Röschen zerteilen.

2 Die Zwiebel und die Knoblauchzehe schälen, fein hacken und mit der Butter oder Margarine in ein mikrowellengeeignetes Geschirr geben.

3 Die Brokkoliröschen dazugeben, mit den Pinienkernen oder Nüssen bestreuen und die Gemüsebrühe angießen.

4 Das Mikrowellengeschirr verschließen und bei 100% Leistung 8–12 Minuten garen.

5 Nach Ende der Garzeit das Ganze mit etwas Zitronensaft, Meersalz und Pfeffer kräftig würzen, anrichten und mit Kräutern bestreut servieren.
(Foto Seite 67)

Gefüllte Paprikaschoten

Zutaten für 2 Personen
2 große Paprikaschoten
1 Zwiebel
200 g Sojahack (küchenfertig)
2 EL Tomatenmark
1 EL mittelscharfer Senf
1 TL geriebener Meerrettich
Salz, Pfeffer aus der Mühle
1 TL Majoran
2 EL gehackte Petersilie
2 EL geschnittener Schnittlauch
4 EL geriebener Emmentaler Käse
2 EL Butter oder Margarine
1 Zwiebel
1 Stange Lauch
2 Scheiben Ananas
1 Tasse Sangrita pikante
1/4 l gebundene Tomatensoße
2 EL Crème fraîche
1 EL gehacktes Basilikum
1 EL gehackter Oregano

Zubereitung
1 Von den Paprikaschoten eine Haube abschneiden und die Kerne sowie die dicken Seitenrippen vorsichtig herauslösen. Die Paprikaschoten unter fließendem Wasser abwaschen, gut abtropfen lassen und bereitstellen.
2 Die Zwiebel schälen und fein hacken. Anschließend mit dem Sojahack mischen. Das Tomatenmark, den Senf und den Meerrettich unterrühren.
3 Das Ganze mit Salz, Pfeffer und den Kräutern würzen. Den geriebenen Emmentaler Käse unter die Masse mischen. Die Masse in die Paprikaschoten füllen.
4 Eine mikrowellengeeignete Auflaufform ausfetten und die Paprikaschoten einsetzen.
5 Die Zwiebel schälen und fein würfeln. Den Lauch putzen, waschen und in Streifen schneiden.
6 Die Zwiebeln und den Lauch mit der fein gewürfelten Ananas zu den Paprikaschoten geben und den Sangrita pikante angießen. Die Form verschließen und das Ganze bei 100% Leistung 6–8 Minuten garen.
7 Nach Ende der Garzeit die Tomatensoße mit der Crème fraîche, dem Basilikum und dem Oregano vermischen und angießen.
8 Die Form erneut verschließen und die Paprikaschoten bei gleicher Leistung weitere 6–8 Minuten garen.
(Foto Seite 69)

Fenchel mit Tomaten

Zutaten für 2 Personen
2 mittelgroße Fenchelknollen
1 Zwiebel
1 EL Butter oder Margarine
1 Schuß Weißwein
Salz
weißer Pfeffer aus der Mühle
1 Prise Cayennepfeffer
1 Prise Muskatpulver

Tomatenpüree:
4 Tomaten
2 EL Kapern
6 gefüllte Oliven
1 TL Salz
1 Knoblauchzehe
1 Zweig Oregano
1 Zweig Basilikum

Zubereitung
1 Die Fenchelknollen putzen, waschen und halbieren. Die Zwiebel schälen und in feine Würfel schneiden.
2 Die Fenchelknollen mit den Zwiebelwürfeln, der Butter oder Margarine und dem Weißwein in eine mikrowellengeeignete Form setzen. Die Form verschließen und den Fenchel bei 100% Leistung 5–6 Minuten garen.
3 Anschließend mit Salz, Pfeffer, Cayennepfeffer und Muskat würzen.
4 Die Tomaten mit kochendem Wasser überbrühen und enthäuten, den grünen Stielansatz entfernen. Die Tomaten entkernen und mit den Kapern, den Oliven, der mit Salz zerriebenen Knoblauchzehe und den verlesenen und fein gehackten Kräutern im Mixer oder mit dem Pürierstab pürieren. Einige Oregano- und Basilikumblättchen zum Garnieren zurücklassen.
5 Das Tomatenpüree gleichmäßig über die Fenchelknollen verteilen, die Form verschließen. Bei 100% Leistung 2–3 Minuten erhitzen.
6 Das Gemüse anrichten, mit den Kräutern garnieren und servieren.
(Foto Seite 70)

Gemüsecocktail

Zutaten für 2 Personen
1 Zwiebel
2 Karotten
1 Stück Sellerie
etwas Zitronensaft
1 Schuß Weißwein
2–3 EL Crème fraîche
je 20 g Walnuß-, Pinien- und Pistazienkerne
Salz
Pfeffer
1 Prise Cayennepfeffer
etwas Worcestersoße
1 EL Honig
1 EL gehackte Pfefferminze
1 EL gehackte Petersilie

Zubereitung
1 Die Zwiebel, die Karotten und den Sellerie schälen und in dünne Streifen schneiden.
2 Das Gemüse mischen, mit Zitronensaft beträufeln und mit Wein in ein Mikrowellengefäß geben. Die Form schließen. Bei 100% Leistung 4–5 Minuten garen, dann Crème fraîche und die Kerne unterziehen.
3 Mit Salz, Pfeffer, Cayennepfeffer, Worcestersoße und Honig kräftig abschmecken.
4 Mit Pfefferminze und Petersilie bestreut servieren.

FLEISCHGERICHTE

Rinderfilet mit Pfifferlingen

Zutaten für 4 Personen
600 g Rinderfilet
2 EL Butterschmalz
Salz
Pfeffer aus der Mühle
1 Zwiebel
250 g frische Pfifferlinge
3/8 l gebundene Bratensoße
1 Glas Rotwein
80 g Crème double
2 EL kalte Butter
2 EL gehackte Petersilie

Zubereitung
1 Das Rinderfilet in feine Streifen oder Würfel schneiden und mit dem Butterschmalz in ein vorgeheiztes Bräunungsgeschirr geben. Bei 100% Leistung 8–10 Minuten braten.
2 Das Rinderfilet herausnehmen, mit Salz und Pfeffer würzen und beiseite stellen.
3 Die Zwiebel schälen, in feine Würfel schneiden und mit den geputzten Pfifferlingen in das verbliebene Bratfett geben.
4 Das Mikrowellengeschirr verschließen und das Ganze bei 100% Leistung 5–8 Minuten garen.
5 Die Bratensoße, den Rotwein und die Crème double miteinander verrühren und mit dem Rinderfilet zu den Pfifferlingen geben. Bei 100% Leistung 6–8 Minuten erhitzen.
6 Die kalte Butter mit dem Schneebesen unter das Ragout rühren und die Petersilie darüberstreuen.
(Foto Seite 73)

Gefüllte Putenschnitzel (K)

Zutaten für 4 Personen
2 Tomaten
4 Putenschnitzel
Salz
Pfeffer aus der Mühle
4 dünne Scheiben durchwachsener Speck
250 g Bratwurstbrät
12 mit Paprika gefüllte Oliven
1/2 TL Paprikapulver edelsüß
2 EL Öl

Zubereitung
1 Die Tomaten waschen und jede Tomate in 4 Scheiben schneiden.
2 Die Putenschnitzel flach klopfen und auf einer Seite mit Salz und Pfeffer würzen. Die Speckscheiben auf je eine Hälfte der gewürzten Seiten legen. Darauf die Tomatenscheiben geben und das Brät darauf verteilen. Die Oliven in das Brät drücken.
3 Die Schnitzel zusammenklappen und die Ränder mit Zahnstochern zusammenstecken. Das Fleisch von außen mit Salz, Pfeffer und Paprika würzen.
4 Die Putenschnitzel dicht unter dem Grill von jeder Seite etwa 5 Minuten grillen. Danach auf gleicher Höhe noch etwa 5 Minuten bei 100% Mikrowellenleistung garen.

Schinkensteak mit Zucchino

Zutaten pro Person
1 Scheibe Schinken (ca. 1 cm dick, 175 g)
1/2 TL Butter oder Butterschmalz
1/4 TL Oregano
1 Msp. Paprikapulver
einige grüne Pfefferkörner
1 kleiner Zucchino
Salz, Pfeffer aus der Mühle

Zubereitung
1 Die Schinkenscheibe auf einen Teller mit leicht erhöhtem Rand legen, die Butter in kleinen Flocken darauf verteilen, mit Oregano, Paprikapulver und grünem Pfeffer würzen.
2 Den Zucchino waschen und in dünne Scheiben schneiden. Die Scheiben neben dem Schinken anordnen und mit Salz und Pfeffer nach Geschmack würzen. Im Mikrowellengerät etwa 4 Minuten bei 100% Leistung erhitzen.

Lammkoteletts mit Orangensaft

Zutaten für 2 Personen
2 TL Butter
1 Knoblauchzehe
4–6 Lammkoteletts (240 g)
Salz
frisch gemahlener Pfeffer
1/2 TL gemahlener Rosmarin
75 ml Weißwein
Saft von einer Orange

Zubereitung

1 Eine Bräunungsschale mit der Hälfte der Butter einstreichen und einige Minuten bei voller Leistung erhitzen. Unterdessen die Knoblauchzehe schälen und zerdrücken. Die Lammkoteletts in die Schale legen und mit Salz, Pfeffer, Knoblauch und Rosmarin würzen. Dann den Rest der Butter in kleinen Flöckchen auf dem Fleisch verteilen.

2 Bei 100% Leistung 1–2 Minuten von beiden Seiten anbraten. Je nach Größe und Qualität des Fleisches muß die Bratzeit gegebenenfalls um 1/2 bis 1 Minute verlängert werden.

3 Die Lammkoteletts herausnehmen, den Wein und den Orangensaft in eine Schale gießen, umrühren und offen 1–2 Minuten bei 75% Leistung kochen lassen.

4 In dieser Zeit die Lammkoteletts auf zwei vorgewärmten Tellern anrichten und anschließend mit der Oreganosoße übergießen.

(Foto Seite 75)

Schweineschulter mit Kräuterkruste (K)

Zutaten für 4–6 Personen
2 EL weiche Butter oder Margarine
1 EL Paniermehl
3 EL fein gehackte Kräuter (Petersilie, Estragon, Beifuß)
Salz
schwarzer Pfeffer aus der Mühle
1 kg Schweineschulter ohne Knochen
2 EL Butterschmalz
1/4 l trockener Weißwein
80 g kalte Butter
Sojasoße

Zubereitung

1 Die weiche Butter mit dem Paniermehl und den Kräutern vermischen und leicht mit Salz und Pfeffer würzen.

2 Die küchenfertige Schweineschulter unter fließendem Wasser abwaschen, trockentupfen und kräftig mit Salz und Pfeffer rundherum würzen.

3 Das Butterschmalz in ein mikrowellengeeignetes Bratgeschirr geben und die Schweineschulter einsetzen.

4 Etwas Weißwein angießen und den Bräter in das Kombigerät stellen. Bei 200° C und 40% Leistung 30–35 Minuten braten.

5 Während der Garzeit öfter mit Weißwein ablöschen.

6 Nach Ende der Garzeit die Schweineschulter mit der restlichen Kräutermasse bestreichen und weitere 5 Minuten bei 250° C überbacken.
7 Anschließend die Schweineschulter herausnehmen, mit Alufolie lose abdecken und ruhen lassen.
8 Inzwischen den Fond in einen kleinen Topf gießen und die kalte Butter in Portionen mit dem Pürierstab des Handrührgerätes einarbeiten.
9 Die Soße mit Salz, Pfeffer und Sojasoße kräftig abschmecken.
10 Das Fleisch in Scheiben schneiden, anrichten, mit der Soße überziehen, mit Gemüsen der Saison umlegen und servieren.
(Foto Seite 76)

Chili con Carne

Zutaten für 4 Personen
600 g mageres Rindfleisch
2 EL Olivenöl
1 TL Salz
1 Knoblauchzehe
2 Zwiebeln
1 Glas Rotwein
500 g enthäutete Tomaten
1 große Dose Kidneybohnen
Salz
Pfeffer aus der Mühle
1 Prise Cayennepfeffer
1 EL Paprikapulver
etwas Rotweinessig
1 Prise Zucker
einige Tropfen Tabasco

Zubereitung
1 Das in Würfel geschnittene Rindfleisch mit Olivenöl in ein vorgeheiztes Bräunungsgeschirr geben und bei 100% Leistung 6–8 Minuten garen.
2 Die mit Salz zerriebene Knoblauchzehe, die geschälten und in kleine Würfel geschnittenen Zwiebeln sowie den Rotwein unter das Fleisch heben, das Geschirr verschließen und bei 100% Leistung 6–8 Minuten sowie bei 50% Leistung 8–12 Minuten garen.
3 Die enthäuteten Tomaten mit den Kidneybohnen unter das Fleisch heben.
4 Das Ganze mit Salz, Pfeffer, Cayennepfeffer, Paprikapulver, Rotweinessig und Zucker kräftig würzen.
5 Das Geschirr verschließen und bei 100% Leistung 6–8 Minuten erhitzen.
6 Nach Ende der Garzeit das Ganze nochmals abschmecken und je nach Geschmack mit Tabasco schärfen, anrichten und servieren.

Kalbsleber mit Schalotten

Zutaten für 2 Personen
1 Schalotte (20 g)
1 Knoblauchzehe
1/2 Bund frische Petersilie
2 TL Butter, 3 EL Sahne
Salz, Pfeffer
2 Scheiben Kalbsleber
1 EL Kapern

Zubereitung
1 Die Schalotte und die Knoblauchzehe schälen, die Schalotte hacken und den Knoblauch zerdrücken, die Petersilie hacken und alles in der Hälfte der Butter 1 1/2 Minuten bei 100% Leistung dünsten.
2 Dann zugedeckt 2 Minuten bei 75% Leistung weitergaren. Mit der Sahne verquirlen und mit Salz und Pfeffer würzen.
3 Die beiden Kalbsleberscheiben in einer flachen Schale, mit den restlichen Butterflöckchen belegt, 1 1/2 Minuten bei 100% Leistung garen. Das Fleisch anrichten.
4 Die Soße noch einmal 1 Minute bei 100% Leistung erhitzen und über der Leber verteilen. Die grob gehackten Kapern darüberstreuen.
(Foto Seite 49: oben)

Kalbskoteletts mit Decke

Zutaten für 2 Personen
1 kleine Zwiebel
4 TL Butter
2 Kalbskoteletts (à 200 g)
Salz, Pfeffer
40 g geriebener Parmesan
30 g Paniermehl
90 ml Weißwein

Zubereitung
1 Die Zwiebel schälen und hacken. Dann die Hälfte der Butter auf dem Boden einer Schale verstreichen, die Kalbskoteletts darauflegen, leicht salzen und pfeffern und mit den Zwiebelstückchen bestreuen.
2 Im Mikrowellengerät von beiden Seiten je 1–2 Minuten bei 100% Leistung vorgaren. Je nach Dicke der Koteletts muß die Bratzeit auf rund 2 (beziehungsweise 2 1/2) Minuten je Seite verlängert werden.
3 Den Parmesan und das Paniermehl mischen und über die Koteletts streuen. Dann langsam den Wein darübergießen und den Rest der Butter in kleinen Flöckchen darauf verteilen. 2 1/2 Minuten bei 100% Leistung überbacken.
(Foto Seite 79: unten)

Geflügelpilaw (K)

Zutaten für 4 Personen
1 Poularde (1200 g)
Salz
Pfeffer aus der Mühle
1/2 TL Paprikapulver edelsüß
1 EL Pflanzenöl
1/2 grüne Paprikaschote
1/2 rote Paprikaschote
200 g Zwiebeln
4 Tomaten
200 g Langkornreis
1 TL Instant-Hühnerbrühe
300 ml heißes Wasser
6 Safranfäden

Zubereitung
1 Die Poularde innen und außen waschen, trocknen und mit einer Geflügelschere halbieren. Jede Hälfte noch einmal halbieren.
2 Salz, Pfeffer und Paprikapulver mit dem Öl verrühren und das Fleisch damit bepinseln.
3 Die Paprikaschoten waschen, entkernen und das Fruchtfleisch in schmale Streifen schneiden. Die Zwiebeln schälen und fein würfeln. Die Tomaten waschen und vierteln.
4 Das Gemüse mit dem Reis in eine ovale Gratinform geben, gut mischen und die Poulardenviertel darauf legen. Die Form offen auf die untere Leiste des Kombigerätes stellen und das Fleisch bei 75% Leistung und 250° C anbraten.
5 Inzwischen die Hühnerbrühe im heißen Wasser auflösen. Dann die Brühe angießen, den Safran dazugeben und umrühren.
6 Das Gericht auf gleicher Höhe bei 75% Leistung und 250° C noch etwa 25 Minuten weitergaren.
Vor dem Servieren nochmals abschmecken.

Schweinefilet auf Biersoße

Zutaten für 4 Personen
600 g Schweinefilet
1 EL Majoran
1 EL geschrotete schwarze Pfefferkörner
2 EL Butterschmalz
Salz, schwarzer Pfeffer
1 Zwiebel
1 Glas Pils
1/4 l gebundene Bratensoße
2–3 EL Crème fraîche
1 Becher geschlagene Sahne
2 EL gehackte Petersilie

Zubereitung

1 Das Schweinefilet unter fließendem Wasser abwaschen, trockentupfen, mit Majoran und geschrotetem schwarzem Pfeffer kräftig würzen.

2 Das Schweinefilet mit dem Butterschmalz in ein vorgeheiztes Bräunungsgeschirr geben und bei 100% Leistung 7–10 Minuten braten, dabei einmal wenden.

3 Das Schweinefilet mit Salz und Pfeffer würzen, in Alufolie wickeln und bereitstellen.

4 Die geschälte und fein gehackte Zwiebel ins verbliebene Bratfett geben und bei 100% Leistung 2–3 Minuten glasig schwitzen.

5 Das Bier mit der Bratensoße und der Crème fraîche verrühren, zu den Zwiebeln geben und bei 100% Leistung 6–8 Minuten erhitzen.

6 Die Biersoße mit Salz und Pfeffer kräftig würzen und je nach Geschmack mit einer Prise Zucker verfeinern.

7 Die geschlagene Sahne unter die Soße ziehen und die Petersilie unterrühren.

8 Die Biersoße auf heiße Teller verteilen, das Schweinefilet in Scheiben schneiden, darauflegen, mit Kräuterzweigen garnieren und servieren.

(Foto Seite 81)

Sauerbraten Hausfrauenart (K)

Zutaten für 4 Personen
Marinade:
1 Flasche Rotwein
1 Tasse Rotweinessig
1 Zwiebel, 1 Karotte
1 TL Pfefferkörner
1 Lorbeerblatt
einige Nelken

Braten:
1 kg Rindfleisch ohne Knochen
Salz, Pfeffer
30 g Butterschmalz
1/4 l Bratensoße
1 Tasse Marinade
100 g kalte Butter
2 EL Rosinen

Zubereitung
1 Den Wein mit dem Essig in eine Schüssel geben.
2 Die Zwiebel und die Karotte schälen, waschen, klein schneiden, mit den Pfefferkörnern, dem Lorbeerblatt und den Nelken in den Sud geben.
3 Den Sud ins Mikrowellengerät stellen und bei 100% Leistung 8–10 Minuten köcheln lassen.
4 Den Sud aus dem Gerät nehmen und vollständig erkalten lassen.
5 Das Fleisch unter fließendem Wasser abwaschen, trockentupfen und in die Marinade legen. Es muß mit der Flüssigkeit bedeckt sein.
6 Das Ganze zugedeckt an einem kühlen Ort mindestens 4 Tage ziehen lassen, dabei ab und zu das Fleisch wenden.
7 Anschließend das Rindfleisch herausnehmen, gut abtropfen lassen, trockentupfen, mit Salz und Pfeffer kräftig würzen.
8 Das Fleisch mit dem Butterschmalz in ein Bratgeschirr geben und bei 250° C und 40% Leistung 20–25 Minuten braten.
9 Anschließend die Bratensoße und die Marinade angießen, den Topf verschließen und bei 180° C und 40% Leistung weitere 20–25 Minuten schmoren lassen.
10 Nach Ende der Garzeit den Braten herausnehmen, unter der Alufolie 8 Minuten ruhen lassen, in Scheiben schneiden und anrichten.
11 Die Soße in einen Topf füllen und die kalte Butter portionsweise mit dem Pürierstab des Handrührgerätes in die Soße einarbeiten.
12 Die Rosinen unterrühren, die Soße nochmals abschmecken, über das Fleisch geben und servieren. Dazu reicht man Wirsinggemüse und Kartoffelklöße.
(Foto Seite 83)

FISCH UND SCHALENTIERE

Forellen im Gemüsesud

Zutaten für 4 Personen
4 küchenfertige Forellen
Salz
Pfeffer aus der Mühle
2 EL Weinessig
einige Zweige Dill
einige Zweige Petersilie

außerdem:
2 EL Butter oder Margarine
2 Zwiebeln
2 Karotten
je 1 Stück Lauch und Sellerie
1 Lorbeerblatt
1 TL Wacholderbeeren
1 TL Nelken
1 Tasse Weißwein
3/4 l Gemüsebrühe
1/2 Tasse Obstessig
1/2 Bund Petersilie

Zubereitung
1 Die Forellen unter fließendem Wasser waschen, trockentupfen, mit Salz und Pfeffer würzen und mit Weinessig beträufeln.
2 Die Forellen mit Petersilien- und Dillzweigen füllen und 10 Minuten marinieren lassen.
3 Butter oder Margarine in ein großes Mikrowellengeschirr geben.
4 Das geputzte Gemüse in Würfel schneiden, zum Fett geben und zugedeckt bei 100% Leistung 6–8 Minuten garen.
5 Lorbeerblatt, Wacholderbeeren, Nelken, Weißwein, Gemüsebrühe und Obstessig dazugeben und bei 100% Leistung 5–6 Minuten erhitzen.
6 Die Forellen in den Sud geben und bei 75% Leistung 8–10 Minuten garen.
7 Die Forellen mit dem Sud überziehen und mit fein gehackter Petersilie bestreuen.
(Foto Seite 85)

Porree mit Sardellen

Zutaten für 2 Personen
1 Stange Porree
1/2 gelbe Paprikaschote
1 Zwiebel
1 TL Butter
12 frische Sardellenfilets (à 30 g)
Salz
Pfeffer aus der Mühle

Zubereitung
1 Den Porree waschen, putzen und längs durchschneiden. Die Paprikaschote waschen und in Streifen, die geschälte Zwiebel in Scheiben schneiden.
2 Den Porree auf eine mikrowellengeeignete flache Form legen, das Gemüse darauf verteilen und Butterflöckchen daraufsetzen.
3 Die Sardellenfilets darauflegen und mit Salz und Pfeffer würzen.
4 Alles zusammen offen bei 100% Leistung 2–3 Minuten und dann bei 50% noch 5–6 Minuten garen. Je nach Qualität des Porrees muß die Garzeit eventuell noch etwas verlängert werden.
(Foto Seite 86)

Schellfisch mit Wein

Zutaten für 2 Personen
2 Schellfischfilets (à 150 g)
2 TL Zitronensaft
Salz
Pfeffer aus der Mühle
2 Tomaten
einige Zweige frischer Dill
oder 1/2 TL gehackter Dill
einige Zweige frisches Basilikum
oder 1/2 TL getrocknetes
Basilikum
100 ml Weißwein

Zubereitung

1 Die Schellfischfilets kalt abspülen und gut abtupfen. In eine flache Schale legen, mit Zitronensaft beträufeln und mit Salz und Pfeffer würzen.

2 Die Tomaten waschen, den grünen Stengelansatz entfernen und die Früchte in Scheiben schneiden. Die Kräuter hacken.

3 Dann den Wein in die Schale gießen und am Rand entlang die Tomatenscheiben verteilen. Den Dill und das Basilikum darüberstreuen und das Ganze zugedeckt 5–7 Minuten bei 100% Leistung garen. Noch 2–3 Minuten ziehen lassen.

(Foto Seite 87)

Zanderfilet mit Zuckerschotensoße

Zutaten für 4 Personen
250 g Zuckerschoten
3/8 l Fischbrühe
100 g Crème double
2 EL Butter oder Margarine
Salz, weißer Pfeffer
150 g Karotten
600 g Zanderfilet
1/4 l trockener Weißwein
etwas Geflügelfond

Zubereitung

1 Die Zuckerschoten waschen, die Enden abschneiden und die Schoten in eine mikrowellengeeignete Form geben. Von dem Fischfond 1/4 Liter abmessen und die Flüssigkeit über die Zuckerschoten gießen. Das Ganze etwa 5 Minuten bei 100% Leistung garen.

2 Die Zuckerschoten samt der Soße mit dem Pürierstab oder im Mixer fein pürieren, durch ein Sieb streichen und in einen Topf geben.

3 Die Crème double und die Butter oder Margarine unterrühren, das Ganze mit Salz und weißem Pfeffer aus der Mühle kräftig würzen.

4 Die Karotten schälen und mit einem Kugelstecher kleine Kugeln ausstechen oder kleine Würfel schneiden.

5 Die Karotten mit etwas Weißwein in ein Mikrowellengeschirr geben und bei 100% Leistung 4–6 Minuten garen.

6 Das Zanderfilet abwaschen, gut abtropfen lassen, mit Salz und Pfeffer würzen.

7 Den Weißwein mit dem restlichen Fischfond zum Karottenfond geben und bei 100% Leistung zum Kochen bringen und 5–6 Minuten kochen.

8 Die Zanderfilets in den Sud geben, das Mikrowellengeschirr verschließen, und den Fisch bei 50% Leistung 10–15 Minuten garen.

9 Nach Ende der Garzeit die Zanderfilets herausnehmen und gut abtropfen lassen.

10 Die Soße nochmals erhitzen, aber nicht mehr kochen lassen.

11 Je nach Geschmack eventuell mit etwas Geflügelfond abrunden.

12 Die Soße auf vorbereitete heiße Teller verteilen, die Zanderfilets auf die Soße setzen und mit den Karottenperlen dekorativ garnieren, anrichten und servieren.

(Foto Seite 89)

Tip
Fischfilets sollten Sie immer in einem geschlossenen Gefäß garen, damit sie nicht trocken werden.

Spanische Fischpfanne

Zutaten für 4 Personen
2 EL Butter oder Margarine
1 Zwiebel
1 rote Paprikaschote
1 grüne Paprikaschote
200 g gekochtes Hühnerfleisch
2 Paar Bauernbratwürste
100 g Muschelfleisch
100 g Crevetten
200 g TK-Erbsen
1 Schuß Weißwein
250 g Langkornreis
3/4 l Fleischbrühe
1 Msp. Safran
Salz
Pfeffer aus der Mühle
1 kleines Glas schwarze Oliven
1/2 Bund Oregano

Zubereitung
1 Butter oder Margarine in ein Mikrowellengeschirr geben, die fein gehackte Zwiebel und die geputzten und in feine Streifen geschnittenen Paprikaschoten dazugeben. Zugedeckt bei 100% Leistung 5–8 Minuten garen.
2 Das in Würfel geschnittene Hühnerfleisch, die in Scheiben geschnittenen Bratwürste, das Muschelfleisch und die Crevetten untermischen und das Gefäß beiseite stellen.
3 Die Tiefkühlerbsen mit einem Schuß Weißwein und dem Reis in eine flache Schüssel geben, Fleischbrühe und Safran darübergeben und zugedeckt bei 75% Leistung 10–12 Minuten garen.
4 Die Gemüsemischung unter den Reis heben, mit Salz und Pfeffer kräftig abschmecken und das Ganze nochmals bei 100% Leistung 6–8 Minuten garen.
5 Die Oliven dekorativ auf dem Gericht garnieren und nochmals heiß werden lassen. Zum Schluß mit Oregano bestreuen.

Miesmuscheln in Safrancreme

Zutaten für 4 Personen
2 Zwiebeln
2 EL Butter oder Margarine
600 g Muschelfleisch mit Kochsud
1 Tasse trockener Weißwein
150 g Crème double
Salz
weißer Pfeffer aus der Mühle
einige Tropfen Limonensaft
1 Prise Safran
etwas Speisestärke
1 Bund Schnittlauch

Zubereitung

1 Die Zwiebeln schälen, in feine Würfel oder Streifen schneiden.

2 Die Zwiebeln mit der Butter oder Margarine in ein Mikrowellengeschirr geben und bei 100% Leistung 2–3 Minuten garen.

3 Die Muscheln mit dem Sud, dem Weißwein und der Crème double zu den Zwiebeln geben.

4 Das Ganze mit Salz, Pfeffer, Limonensaft und Safran kräftig würzen.

5 Das Mikrowellengeschirr schließen und das Gericht bei 100% Leistung 6–8 Minuten garen.

6 Das Ganze je nach Geschmack mit etwas angerührter Speisestärke binden.

7 Den Schnittlauch verlesen, waschen, gut abtropfen lassen und fein schneiden.

8 Das Muschelragout nochmals kräftig abschmecken, anrichten, mit Schnittlauch bestreuen und servieren.

(Foto Seite 91)

SOSSEN

Weiße Grundsoße

Zutaten für 4 Personen
40 g fein gehackte Schalotten
1 EL Butter oder Margarine
3/4 l Geflügelbrühe
1/4 l Sahne
40 ml trockener Weißwein
1 frisches Lorbeerblatt
1 TL Salz
1 Msp. weißer Pfeffer
50–60 g Butter oder Margarine
50–60 g Mehl

Zubereitung
1 Die Schalotten mit dem Fett in ein Mikrowellengeschirr geben und bei 100% Leistung 1–2 Minuten glasig schwitzen.
2 Die Brühe mit der Sahne verrühren, den Wein dazugeben und zu den Zwiebeln geben.
3 Das Lorbeerblatt in die Brühe legen, mit Salz und Pfeffer kräftig würzen.
4 Das Mikrowellengeschirr verschließen und bei 100% Leistung 8–10 Minuten garen.
5 In der Zwischenzeit die Butter oder Margarine mit dem Mehl zu einem Mehlkoß verkneten.
6 Den Mehlkloß mit dem Schneebesen in die heiße Brühe rühren und das Ganze damit binden.
7 Bei 100% Leistung nochmals 3–4 Minuten erhitzen.
(Foto Seite 92)

Tip:
Diese Grundsoße können Sie als Grundlage für viele andere Soßen verwenden, z. B. für Dill- oder andere Kräutersoßen oder eine Käsesoße.

Zwiebelsoße

Zutaten für 4 Personen
300 g Zwiebeln
40 g Butter oder Margarine
1 l weiße Grundsoße
Salz
Pfeffer aus der Mühle
1 Prise Zucker
etwas Zitronensaft
etwas Worcestersoße
1 Bund Petersilie

Zubereitung
1 Die Zwiebeln schälen und in feine Ringe schneiden.
2 Die Zwiebeln mit der Butter oder Margarine in ein Mikrowellengeschirr geben und bei 100% Leistung 5–6 Minuten glasig schwitzen.
3 Die Grundsoße angießen und bei 100% Leistung 5–6 Minuten erhitzen.
4 Die Zwiebelsoße mit Salz, Pfeffer, Zitronensaft und Worcestersoße kräftig würzen.
5 Die Petersilie verlesen, waschen, fein hacken und unter die Soße heben.

Sauerampfersoße

Zutaten für 4 Personen
250 g frischer Sauerampfer
2 EL Butter
1/2 l Gemüsebrühe
2 EL Apfelessig, 1 TL Honig
1 Glas Champagner oder Sekt
2–3 EL Crème fraîche
30 g Butter, 30 g Mehl

Zubereitung
1 Den Sauerampfer verlesen, waschen, gut abtropfen lassen und grob hacken.
2 Den Sauerampfer mit der Butter in ein Mikrowellengeschirr geben und bei 100% Leistung 4–5 Minuten garen.
3 Brühe, Essig, Honig und Champagner mischen, die Crème fraîche unterziehen und zum Sauerampfer geben.
4 Das Mikrowellengeschirr schließen und bei 100% Leistung 6–8 Minuten garen, dann das Ganze pürieren.
5 Kräftig abschmecken und bei 100% Leistung 4–5 Minuten zum Kochen bringen.
6 Butter und Mehl zu einem Mehlkloß verkneten und mit dem Schneebesen in die Soße rühren, nochmals bei 100% Leistung 4–5 Minuten erhitzen.

Calvadossoße

Zutaten für 4 Personen
2 säuerliche Äpfel
2 EL Butter
1/4 l Rotwein
1/4 l gebundene Bratensoße
1 Zweig Rosmarin
2 Gewürznelken
3 EL Calvados
1 Msp. Zimt
Salz, Pfeffer
1 Tasse Sahne

Zubereitung
1 Die Äpfel schälen, entkernen und fein würfeln.
2 Die Äpfel mit der Butter in ein Mikrowellengeschirr geben und bei 100% Leistung 4–5 Minuten garen.
3 Wein und Bratensoße mischen und zu den Äpfeln geben.
4 Den Rosmarinzweig, die Gewürznelken und den Calvados dazugeben und das Ganze mit Zimt, Salz und Pfeffer kräftig würzen.
5 Das Mikrowellengeschirr schließen und bei 100% Leistung 6–8 Minuten erhitzen.
6 Dann die Sahne angießen, nochmals erhitzen und je nach Geschmack mit angerührter Speisestärke binden.

Tomatensoße mit Basilikum

Zutaten für 4 Personen
100 g Speck
1 Zwiebel
1 kleine Dose geschälte Tomaten
1/2 TL Salz
Pfeffer aus der Mühle
getrockneter Oregano
einige frische Blätter Basilikum

Zubereitung

1 Den Speck in kleine Würfel schneiden und in einer mikrowellengeeigneten Form bei 100% Leistung auslassen.

2 Inzwischen die Zwiebel schälen, fein würfeln und dann dazugeben. Bei 100% Leistung weitere 3 Minuten garen.

3 Die Tomaten pürieren, dazugeben und mit Salz, Pfeffer und Oregano abschmecken. Bei gleicher Leistung 3–5 Minuten garen.

4 Die Basilikumblätter klein schneiden und in die Soße geben.

(Foto Seite 95)

EIERSPEISEN UND AUFLÄUFE

Gemüse-Eier

Zutaten für 2 Personen
1 Zwiebel
1/2 rote Paprikaschote
1/2 grüne Paprikaschote
1 kleine Stange Lauch
1 EL Butter oder Margarine
1 Schuß Weißwein
Salz
weißer Pfeffer aus der Mühle
je 1 EL gehackte Kräuter (Petersilie, Schnittlauch, Estragon)
4 EL geriebener Emmentaler Käse
Butter oder Margarine zum Ausfetten
2 Eier
Kräuterzweige zum Garnieren

Zubereitung
1 Die Zwiebel schälen und in feine Würfel, die Paprikaschoten putzen, entkernen, waschen und in Streifen schneiden, ebenso den Lauch säubern und zerkleinern.
2 Das Gemüse mit dem Fett und dem Wein in ein Mikrowellengefäß geben, verschließen und das Gemüse bei 100% Leistung 5–6 Minuten garen.
3 Das Gemüse salzen und pfeffern, Kräuter und Käse unterziehen und in 2 gefettete Glasförmchen füllen.
4 Auf das Gemüse vorsichtig je ein Ei setzen und die Gemüseeier bei 100% Leistung 1/2–1 Minute garen.
5 Nach Ende der Garzeit die Gemüseeier mit Kräuterzweigen garnieren.
(Foto Seite 97)

Rührei

Zutaten für 2 Personen
4 Eier
3 TL weiche Butter
5 EL Milch
Salz
Pfeffer aus der Mühle
1/2 Bund Schnittlauch

Zubereitung
1 Die Eier mit der Butter und der Milch verquirlen und mit Salz und Pfeffer abschmecken.
2 Die Eimasse in ein flaches mikrowellengeeignetes Gefäß gießen und bei 100% Leistung 3–4 Minuten garen, dabei mehrmals das feste Ei vom Rand in die Mitte des Gefäßes rühren.
3 Den Schnittlauch in Röllchen schneiden und vor dem Servieren über das fertig gegarte Rührei streuen.

Eierauflauf

Zutaten für 2 Personen
1 Zwiebel
2 kleine Tomaten
1 kleiner Zucchino
Saft von 1/2 Zitrone
100 g frische Champignons
1 Pfirsich
4 hartgekochte Eier
1/4 l Tomatensoße
1/2 TL Oregano
1/2 TL Basilikum
Salz
Pfeffer
1/2 Becher Sahne
75 g geriebener Gouda
2 EL gehackte Petersilie

Zubereitung
1 Die Zwiebel schälen und würfeln, die Tomaten enthäuten und in Scheiben schneiden.
2 Den Zucchino putzen, waschen, halbieren, entkernen, die Champignons putzen, den Pfirsich waschen, die Eier schälen, alles in Scheiben schneiden und die Champignons mit Zitronensaft beträufeln.

3 Die vorbereiteten Zutaten schichtweise in eine gefettete mikrowellengeeignete Auflaufform geben.
4 Die Tomatensoße mit Oregano, Basilikum, Salz und Pfeffer würzen und über den Auflauf gießen.
5 Die Sahne mit dem Gouda mischen, abschmecken und über den Auflauf gießen.
6 Die Form schließen und den Auflauf bei 100% Leistung 6–8 Minuten garen.
7 Mit Petersilie bestreuen und servieren.
(Foto Seite 98)

Ei im Glas

Zubereitung
1 Das Ei aufschlagen und in ein Glas, eine Tasse oder ein kleines Schüsselchen gleiten lassen. Den Eidotter vorsichtig anstechen, damit er nicht platzt.
2 Das Gefäß mit Mikrowellenfolie oder Klarsichtfolie (dann einige Löcher hineinstechen) abdecken und bei 35% Leistung 2 Minuten garen.
3 Das Ei anschließend noch mindestens 1 Minute nachziehen lassen, dann servieren.

Eierstich als Suppeneinlage

Zutaten für 4 Personen
2 Eier
5 EL Sahne
Salz
Muskatpulver
1 TL gehackte Petersilie
etwas Fett

Zubereitung
1 Die Eier mit der Sahne gut verquirlen und mit Salz und Muskatpulver würzen. Die Petersilie unterrühren.
2 Ein mikrowellengeeignetes Geschirr einfetten und die Eiersahne hineingießen.
3 Bei 100% Leistung etwa 3 Minuten garen. Die Eimasse geht stark auf, fällt aber beim Abschalten des Gerätes wieder zusammen.
4 Den Eierstich stürzen, in Würfel schneiden und in der heißen Brühe anrichten.

Auberginenscheiben mit Ei

Zutaten für 2 Personen
2 kleine Auberginen
2 Eier
2 EL Crème fraîche
1 TL gerebelter Thymian
1/2 Bund Petersilie
Salz
schwarzer Pfeffer aus der Mühle

Zubereitung

1 Die Auberginen waschen und in 1/2 cm dicke Scheiben schneiden. In einer flachen Schale kreisförmig anordnen und 4–6 Minuten bei 100% Leistung vorgaren.

2 Unterdessen die Eier mit einem Schneebesen oder Rührgerät verquirlen und mit der Crème fraîche mischen.

3 Die Auberginenscheiben mit dem Thymian bestreuen. Dann die Eimasse darüber verteilen. Zum Schluß die gehackte Petersilie und den schwarzen Pfeffer darüber streuen und das Ganze rund 5 Minuten bei 75% Leistung überbacken. Je nach Größe der Eier die Backzeit eventuell um 1/2 Minute verlängern.

Schaumomelett

Zutaten pro Person
2 Eier, 2 EL Sahne
1 Msp. Salz
frisch gemahlener Pfeffer
Kräuter oder andere Gewürze
1/2 TL Butter

Zubereitung

1 Eigelb und Eiweiß trennen. Die Eiweiße steif schlagen. In einer anderen Schüssel die Eigelbe mit der Sahne, dem Salz, dem Pfeffer und mit Kräutern gut mischen.

2 1 Eßlöffel Eischnee in die Eigelbmischung rühren. Den Rest des Eischnees vorsichtig unterheben und so wenig wie möglich rühren.

3 Auf einem Teller mit hohem Rand oder in einer flachen Auflaufform die Butter 30–40 Sekunden bei 100% Leistung schmelzen, herausnehmen und die Omelettmischung darauf verteilen.

4 Das Omelett 2–3 Minuten bei 50% Leistung vorgaren. Dann die Ränder des Omeletts vom Teller lösen und das Ganze 2–3 Minuten bei 50% Leistung fertiggaren.
(Foto Seite 101)

Kartoffel-Hackfleisch-Auflauf (K)

Zutaten für 3 Personen
1 Zwiebel
1 TL Pflanzenöl
250 g Hackfleisch, halb und halb
1 EL Tomatenmark
1/4 TL gehackte frische Minze
1/4 TL gehacktes frisches Bohnenkraut
1 TL gehackte Petersilie
Salz
Pfeffer aus der Mühle
500 g gekochte Pellkartoffeln
100 g geriebener Emmentaler
2 Eier
150 g Sahne

Zubereitung
1 Die Zwiebel schälen, fein hacken und mit dem Öl in ein rundes Mikrowellengefäß geben. Das Hackfleisch zerpflücken und mit dem Tomatenmark zu den Zwiebeln geben. Die Kräuter untermischen und alles mit Salz und Pfeffer kräftig würzen.
2 Das Ganze zugedeckt bei 100% Leistung 4–5 Minuten garen.
3 Die gepellten Kartoffeln in Scheiben schneiden. Eine Auflaufform einfetten und die Hälfte der Kartoffeln einschichten. Die Kartoffelscheiben würzen und mit der Hälfte des Käses bestreuen.
4 Das Hackfleisch gleichmäßig darauf verteilen, die restlichen Kartoffeln daraufgeben, würzen und mit dem Käse bestreuen.
5 Die Eier mit der Sahne verquirlen und über die Kartoffeln gießen.
6 Den Auflauf im Kombigerät bei 180° C und 50% Leistung etwa 20 Minuten backen. Danach noch 10 Minuten ruhen lassen.

Holländischer Spinatauflauf

Zutaten für 4 Personen
500 g junger Blattspinat
1 Knoblauchzehe
1 Zwiebel
2 EL Butter
Salz
Pfeffer
1 Prise Ingwerpulver
600 g Seelachsfilet
etwas Worcestersoße
etwas Zitronensaft
100 g Sahne
1 Ei
125 g geriebener Käse
1 Prise Muskatpulver

Zubereitung

1 Den Spinat verlesen, waschen, gut abtropfen lassen und je nach Bedarf grob hacken.

2 Knoblauch und Zwiebel schälen und fein hacken, beides mit der Butter in ein Mikrowellengeschirr geben und bei 100% Leistung 1–2 Minuten dünsten.

3 Den Spinat dazugeben und bei 100% Leistung 6–8 Minuten garen.

4 Den Spinat mit Salz, Pfeffer und Ingwer würzen.

5 Das Seelachsfilet unter fließendem Wasser abwaschen, trockentupfen, mit Zitronensaft und Worcestersoße beträufeln und im Kühlschrank mindestens 10–15 Minuten ziehen lassen.

6 Spinat und Fisch schichtweise in eine gefettete, mikrowellengeeignete Auflaufform füllen.

7 Die Sahne, Ei und Käse mischen, mit Salz, Pfeffer und Muskat abschmecken.

8 Die Masse über den Auflauf verteilen, das Mikrowellengeschirr schließen. Bei 100% Leistung 6–8 Minuten und bei 50% Leistung 10–15 Minuten garen, dann noch etwas ruhen lassen.

(Foto Seite 103)

Gemüsetopf mit Käsehaube

Zutaten für 2 Personen
1 Zwiebel
1/2 rote Paprikaschote
1/2 grüne Paprikaschote
75 g frische Champignons
Saft von 1/2 Zitrone
75 g Sojabohnenkeimlinge
75 g Bohnensprossen
100 g Zuckerschoten
1 EL Butter
1/2 Tasse Gemüsebrühe
1 Schuß Weißwein
Salz, Pfeffer
1 Prise Muskatpulver
1 TL Kräuter der Provence
1/4 l Béchamelsoße (Instant)
100 g geriebener Mozzarella
1 Ei
2 EL gehackte Kräuter

Zubereitung

1 Die Zwiebel schälen, die Paprika putzen, entkernen, waschen, die Champignons putzen. Alles in Scheiben schneiden und die Pilze mit Zitronensaft beträufeln.

2 Die Keimlinge und Sprossen, die geputzten Zuckerschoten und die Butter mit dem restlichen Gemüse, der Brühe und dem Wein in ein Mikrowellengefäß geben.

3 Mit Salz, Pfeffer, Muskatpulver und Kräutern der Provence würzen. Die Form schließen und das Ganze bei 100% Leistung 6–8 Minuten garen, danach nochmals abschmecken.

4 Die Béchamelsoße mit Mozzarellakäse und dem Ei mischen und gleichmäßig über den Auflauf verteilen. Bei 75% Leistung weitere 6–8 Minuten garen.

5 Nach Ende der Garzeit den Auflauf herausnehmen und mit den Kräutern bestreuen.

(Foto Seite 104/105)

Brokkoli-Kartoffel-Auflauf

Zutaten für 3–4 Personen
200 g Brokkoli
1 Zwiebel
1 EL Wasser
200 g gekochte Kartoffeln
200 g geräucherte Putenbrust
Salz, Pfeffer
100 g geriebener Emmentaler
3 Eier, 100 g Sahne
geriebene Muskatnuß
100 g Mozzarella
1 Prise Paprikapulver edelsüß
gehobelte Mandeln

Zubereitung

1 Die Brokkoli waschen, in Röschen teilen und die Stiele in Scheiben schneiden. Die Zwiebel schälen und hacken. Beides mit dem Wasser in ein Mikrowellengefäß geben, bei 100% Leistung etwa 6 Minuten garen. Danach gut abtropfen lassen.

2 Die Kartoffeln in Scheiben schneiden, das Putenfleisch würfeln.

3 Die Kartoffeln in eine gefettete Auflaufform schichten, salzen und pfeffern, die Putenbrust darauf verteilen, mit Käse bestreuen und das Gemüse darübergeben.

4 Die Eier mit der Sahne verquirlen und mit Salz, Pfeffer und Muskat abschmecken.

5 Den Mozzarella in dünne Scheiben schneiden und auf das Gemüse legen. Mit etwas Paprikapulver und gehobelten Mandeln bestreuen.

6 Die Form auf den niedrigen Rost im Kombigerät stellen und den Auflauf bei 180° C und 75% Leistung etwa 20 Minuten backen, danach noch 10 Minuten ruhen lassen.

Karottenauflauf mit Austernpilzen

Zutaten für 2 Personen
300 g Karotten
200 g Kartoffeln
2 EL Butter
1 Tasse Gemüsebrühe
100 g frische Austernpilze
2 Frühlingszwiebeln
1 TL Thymian
Salz
Pfeffer
1 Prise Muskatpulver
1 Prise Cayennepfeffer
150 g Crème fraîche
75 g geriebener Butterkäse
2 EL gehackte Petersilie
2 EL Schnittlauchröllchen

Zubereitung
1 Karotten und Kartoffeln schälen und würfeln.
2 Das Gemüse mit der Butter und der Brühe in ein Mikrowellengefäß geben, die Form schließen. Bei 100% Leistung 7–8 Minuten garen.
3 Die Austernpilze putzen und in grobe Stücke schneiden. Die Frühlingszwiebeln putzen, waschen und in Ringe schneiden.
4 Austernpilze, Frühlingszwiebeln und Thymian unter das Gemüse mischen. Mit Salz, Pfeffer, Muskat und Cayennepfeffer würzen.
5 Crème fraîche, Ei und Käse mischen, Petersilie und Schnittlauch unterziehen, salzen, pfeffern, auf das Gemüse verteilen und die Form schließen.
6 Den Auflauf bei 75% Leistung weitere 6–8 Minuten garen.

Nudelauflauf

Zutaten für 2 Personen
1 Zwiebel
1 Stück Lauch
1 Karotte
1/2 rote Paprikaschote
1/2 grüne Paprikaschote
1 Peperoni
1 Knoblauchzehe
1 TL Salz
1 Tasse Gemüsebrühe
1 TL Basilikum
2 Tomaten
200 g gekochte Eiernudeln
Salz, Pfeffer
100 g Sahne
2 EL Tomatenmark
50 g geriebener Parmesankäse
1 Ei
2 EL gehackte Petersilie
2 EL gehackte Zitronenmelisse

Zubereitung

1 Die Zwiebel schälen und in feine Würfel schneiden. Den Lauch putzen, waschen und in feine Streifen schneiden.

2 Die Karotte schälen und fein würfeln. Die Paprikaschoten putzen, entkernen, waschen und in feine Streifen schneiden.

3 Die Peperoni fein hacken. Die Knoblauchzehe schälen, fein hacken und mit dem Salz zu einer Paste zerreiben.

4 Das Gemüse mit der Peperoni und der Knoblauchpaste in ein Mikrowellengefäß geben. Die Brühe angießen und das Basilikum unterrühren.

5 Die Form schließen und das Gemüse bei 100% Leistung 6–8 Minuten garen.

6 Die Tomaten enthäuten, entkernen und würfeln.

7 Die Tomatenwürfel mit den Nudeln unter das Gemüse ziehen und mit Salz und Pfeffer kräftig würzen.

8 Die Sahne mit dem Tomatenmark, dem Parmesan und dem Ei glattrühren und die Kräuter unterziehen. Die Sahnemischung unter die Nudeln heben.

9 Die Form schließen und das Ganze bei 100% Leistung 4–5 Minuten erhitzen.

(Foto Seite 107)

PIKANTE KLEINIGKEITEN UND TOASTS

Warmer Spargelcocktail

Zutaten für 2 Personen
etwa 500 g frischer Spargel
1 Schuß Weißwein
1 EL Butter oder Margarine
etwas Zitronensaft
Salz, weißer Pfeffer
1 Prise Cayennepfeffer
1 Prise Zucker
2 hartgekochte Eier
2 Tomaten
1 Kästchen Kresse
3 EL Crème fraîche
2 EL Obstessig
2 cl Eierlikör

außerdem:
einige Salatblätter
einige Kräuterzweige

Zubereitung
1 Den Spargel dünn schälen und in zentimeterdicke Scheiben schneiden. Mit Wein, Butter und Zitronensaft in ein Mikrowellengefäß geben und die Form schließen. Bei 100% Leistung 6 Minuten garen, dann mit Salz, Pfeffer, Cayennepfeffer und Zucker würzen.
2 Die Eier schälen. Die Tomaten enthäuten, den Stielansatz entfernen, entkernen, Eier und Tomaten würfeln.
3 Die Kresse grob hacken und mit Eiern und Tomaten unter den Spargel ziehen.
4 Crème fraîche, Essig und Likör verrühren, salzen, pfeffern und den Cocktail damit anmachen. Mit Salatblättern und Kräuterzweigen garnieren.
(Foto Seite 111)

Chicorée mit Käse

Zutaten für 2 Personen
2 mittelgroße Chicoréestauden
4 Scheiben Butterkäse
1 Zwiebel
100 g Austernpilze
1 EL Butter oder Margarine
1 Schuß Weißwein
150 g Crème fraîche
Salz, Pfeffer
1 Prise Cayennepfeffer
etwas Zitronensaft
einige Tropfen Worcestersoße
1 EL gehackte Petersilie
1 EL gehackte Zitronenmelisse

Zubereitung
1 Den Chicorée putzen, waschen, halbieren und den Strunk herausschneiden.
2 Die Chicoréehälften mit je einer Scheibe Butterkäse einwickeln.
3 Die Zwiebel schälen und fein hacken. Die Austernpilze putzen und klein schneiden.
4 Die Zwiebelwürfel mit der Butter oder Margarine und den Austernpilzen sowie dem Weißwein in ein Mikrowellengefäß geben. Bei 100% Leistung 3–4 Minuten garen.
5 Anschließend die Crème fraîche unterziehen. Das Ganze mit Salz, Pfeffer, Cayennepfeffer, Zitronensaft und Worcestersoße würzen.
6 Den Chicorée in die Soße setzen, die Form schließen. Bei 100% Leistung weitere 3–4 Minuten garen.
7 Mit gehackter Petersilie und Zitronenmelisse bestreuen und servieren.

Blätterteigpastetchen mit Gemüseragout

Zutaten für 2 Personen
1 Zwiebel
2 Karotten
1 Stück Stangensellerie
1 EL Butter
1 Schuß Weißwein
1/2 Tasse Gemüsebrühe (75 ml)
100 g Sahne
1 Msp. Mehl
1 Prise Meersalz
weißer Pfeffer aus der Mühle
einige Tropfen Zitronensaft
1 TL Honig
1 Röhrchen Kapern
2 Blätterteigpastetchen (Fertigprodukt)
2 El gehackte Petersilie
1 EL gehackte Zitronenmelisse

Zubereitung

1 Die Zwiebel und die Karotten schälen. Den Stangensellerie waschen und putzen. Alles klein würfeln.

2 Das Gemüse mit Butter, Wein und Brühe in ein Mikrowellengefäß geben.

3 Die Form schließen und das Gemüse bei 100% Leistung 6–7 Minuten garen.

4 Die Sahne mit dem Mehl mischen und unter das Gemüse ziehen.

5 Das Ganze mit Salz, Pfeffer, Zitronensaft und Honig kräftig würzen. Die Kapern gut abtropfen lassen und ebenfalls unterziehen.

6 Die Form erneut schließen und das Ragout bei 100% Leistung 3–4 Minuten erhitzen.

7 Unterdessen die Pastetchen im Backofen unter dem Grill erwärmen. Das Ragout nochmals abschmecken, in die Pastetchen füllen und mit Petersilie und und Zitronenmelisse bestreuen.

(Foto Seite 111)

Baguette spezial

Zutaten pro Person
1 kleines Baguettebrötchen
1/2 TL Kräuterbutter
4 Scheiben Salami
1 1/2 EL Remoulade
1/2 Paprikaschote
1/2 Zwiebel, 1 Tomate
Salz, Pfeffer
2 Scheiben Gouda
frische Petersilie

Zubereitung
1 Das Baguettebrötchen längs aufschneiden und die Hälften mit Kräuterbutter bestreichen, die Salami darauf verteilen und mit Remoulade bestreichen.
2 Dann die Paprikaschote waschen, das Samengehäuse entfernen und die Paprika in Ringe schneiden. Die Zwiebel schälen und ebenso in Ringe schneiden. Die Tomate waschen, den grünen Stengelansatz entfernen und die Frucht in Scheiben schneiden.
3 Die Paprikaringe, Zwiebelringe und die Tomatenscheiben auf die Baguettehälfte legen, würzen und mit Käse bedecken. Im Mikrowellengerät 3–3 1/2 Minuten bei 75% Leistung überbacken. Mit Petersilie bestreuen.

Thunfisch-Paprika-Toast

Zutaten pro Person
1/2 Paprikaschote (125 g)
1 Knoblauchzehe
1 Baguettebrötchen
Butter zum Bestreichen
40 g Thunfisch
1 hart gekochtes Ei
2 schwarze, entkernte Oliven
schwarzer Pfeffer

Zubereitung
1 Die Paprikaschote waschen, das Samengehäuse entfernen und die Schote in dünne Streifen schneiden. Die Knoblauchzehe schälen und zerdrücken. Die Paprikastreifen mit dem Knoblauch zugedeckt 2 Minuten bei 100% Leistung dünsten.
2 Unterdessen das Baguettebrötchen aufschneiden, beide Hälften mit Butter bestreichen. Das Ei pellen und in Scheiben schneiden. Die Oliven in kleine Stücke zerteilen. Thunfisch und Oliven auf das Brötchen legen.
3 Die Paprikastreifen darüberlegen, leicht pfeffern und 1 Minute bei 50% Leistung backen.
(Foto Seite 112/113: links)

Knoblauchtoast mit Käsefüllung

Zutaten für 2 Personen
4 Scheiben Toastbrot
Butter
1 Knoblauchzehe
2 dicke oder 4 normale Scheiben schmelzfähiger Käse
Paprikapulver

Zubereitung
1 Die Toastbrotscheiben im Toaster rösten oder in ein Bräunungsgeschirr legen, das vorher einige Minuten im Mikrowellengerät bei voller Leistung erhitzt wurde.
2 Dann die Toastbrotscheiben sehr dünn mit Butter bestreichen, den Knoblauch schälen, zerdrücken und auf zwei Scheiben verteilen. Die Käsescheiben auflegen und fein mit ein wenig Paprika bestäuben.
3 Die beiden anderen Brotscheiben jeweils darauflegen und die beiden Toasts 1–2 Minuten bei 50% Leistung überbacken.
(Foto Seite 112/113: rechts)

SÜSSSPEISEN UND DESSERTS

Kirschenmichel (K)

Zutaten für 4 Personen
8 Zwieback
1/2 l Milch
1 Prise Salz
1 P. Vanillinzucker
je 1 TL geriebene Orangen- und Zitronenschale
3–4 EL Honig
3 Eier
400 g Sauerkirschen
100 g Mandelsplitter

außerdem:
1/4 l Milch
1 P. Vanillinzucker
1 Msp. Mehl
2–3 EL Ahornsirup

Zubereitung
1 Den Zwieback in eine Schüssel geben.
2 Milch, Salz, Vanillinzucker, Orangen- und Zitronenschale mischen, Honig und Eier dazugeben und alles gut verrühren.
3 Die Honigmilch über den Zwieback gießen und kurz durchziehen lassen.
4 Die Sauerkirschen waschen und entsteinen.
5 Zwieback, Sauerkirschen und Mandelsplitter schichtweise in eine gefettete Auflaufform geben, die restliche Eiermilch darübergießen.
6 Im Kombigerät bei 180° C und 40% Leistung 12–15 Minuten backen.
7 Milch, Vanillinzucker, Mehl und Sirup mischen und bei 100% Leistung 6–8 Minuten erhitzen.
8 Den Kirschenmichel mit der Soße überziehen.
(Foto Seite 115)

Grießauflauf (K)

Zutaten für 3 Personen
100 g Grieß
1/2 l Milch
1 Prise Salz
70 g weiche Butter
2 Eier, 50 g Zucker
geriebene Schale von 1/2 unbehandelten Zitrone
50 g Rosinen
50 g gemahlene Mandeln
1/2 EL Zucker
1/2 TL Zimt

Zubereitung

1 Den Grieß mit der Milch und einer Prise Salz in ein mikrowellengeeignetes Geschirr geben und zugedeckt bei 100% Leistung etwa 6 Minuten aufkochen. Nach der Hälfte der Garzeit den Grießbrei umrühren.
2 Danach den Grieß außerhalb des Mikrowellenherdes 15 Minuten ausquellen lassen.
3 Inzwischen eine Auflaufform einfetten. Die Eigelbe vom Eiweiß trennen und die Eiweiße zu festem Schnee schlagen, 50 Gramm weiche Butter mit dem Zucker schaumig rühren und nach und nach die Eigelbe dazugeben.
4 Die Zitronenschale, die Rosinen und die Mandeln dazugeben, den Grießbrei hineinrühren und die geschlagenen Eiweiße unterheben.
5 Die Masse in die Auflaufform füllen und glatt streichen. Den Zucker und den Zimt darüberstreuen und die restliche Butter in Flöckchen daraufsetzen.
6 Die Form auf die niedrigste Einschubleiste stellen und den Grießauflauf bei 200° C und 50% Leistung etwa 20 Minuten backen.

Gefüllte Topfenknödel

Zutaten für 4 Personen
50 g Butter oder Margarine
4 Eier
400 g Sahnequark
250 g geriebener Zwieback
2–3 EL Mehl
1 Prise Salz
400 g Pflaumen
Honig zum Bestreichen

außerdem:
1/2 Tasse zerlassene Butter
3 Stück geriebener Zwieback
3 EL Zucker
1 Becher Schmand

Zubereitung

1 Die Butter oder Margarine schaumig schlagen. Die Eier nach und nach darunterschlagen und anschließend das Ganze unter den Sahnequark ziehen.

2 Die Zwiebackbrösel, das Mehl und das Salz dazugeben und alles zu einem glatten Teig verarbeiten.

3 Die Pflaumen waschen und entkernen.

4 Je eine Pflaume mit etwas Honig bestreichen und mit dem Quarkteig portionsweise zu Knödeln formen.

5 Die Topfenknödel bereitlegen und Salzwasser in der Mikrowelle bei 100% Leistung zum Kochen bringen.

6 Die Topfenknödel in das kochende Wasser legen und bei 40% Leistung 10–12 Minuten gar ziehen lassen.

7 Die Butter, die Zwiebackbrösel und den Zucker in einer Pfanne kurz rösten.

8 Die Knödel aus dem Salzwasser nehmen, gut abtropfen lassen, anrichten, mit der Zwiebackmischung bestreuen, etwas Schmand dazugeben und servieren.

(Foto Seite 117)

Crêpes

Zutaten für 2 Personen
100 g Mehl
2 Eier
150 g Sahne
3 EL Olivenöl
1 Prise Salz
1 Prise Zucker
1 TL geriebene Schale einer unbehandelten Orange
Puderzucker zum Bestäuben

Zubereitung
1 Das Mehl mit den Eiern und der Sahne sowie dem Olivenöl in eine Schüssel geben und zu einem glatten Teig rühren.
2 Das Salz, den Zucker und die geriebene Orangenschale unterziehen.
3 Einen mikrowellengeeigneten Dessertteller mit etwas Butter oder Margarine fetten, 3–4 Eßlöffel Teig darauf gleichmäßig verteilen und bei 100% Leistung 2–3 Minuten zugedeckt backen.
4 Den restlichen Teig wie beschrieben auf den gefetteten Teller geben und ausbacken.
5 Die Crêpes je nach Geschmack füllen und mit Puderzucker bestäuben. Sofort servieren.
(Foto Seite 118/119)

Quarkfüllung

Zutaten für 2 Personen
125 g Sahnequark
1 Schuß Sahne
1 P. Vanillinzucker
1 unbehandelte Orange
Zucker nach Geschmack
einige Tropfen Orangenlikör

Zubereitung
1 Quark, Sahne, Vanillinzucker und 1 Eßlöffel geriebene Orangenschale verrühren.
2 Die Orange schälen, filetieren, das Fruchtfleisch würfeln, unter den Quark ziehen, mit Zucker und Likör aromatisieren.

Erdbeerfüllung

Zutaten für 2 Personen
200 g frische Erdbeeren
2 EL Zucker, 1 P. Vanillinzucker
einige Tropfen Orangenlikör
1 Tasse geschlagene gesüßte Sahne

Zubereitung
1 Die Erdbeeren putzen, halbieren, mit Zucker und Vanillinzucker bestreuen und mit Orangenlikör beträufeln.
2 Die Erdbeeren zugedeckt 10 Minuten ziehen lassen.
3 Die Sahne unter die Erdbeeren heben.

Waldbeeren à la crème

Zutaten für 2 Personen
1/2 Glas Rotwein
1/2 Tasse Orangensaft
1/2 TL Zimtpulver
1 Prise Nelkenpulver
1 P. Vanillinzucker
je 50 g Himbeeren, Brombeeren und Johannisbeeren
150 g Sahne
1 TL Speisestärke
2 EL Honig
Zucker nach Geschmack
einige Tropfen Weinbrand

Zubereitung
1 Wein, Orangensaft, Zimt, Nelkenpulver und Vanillinzucker in eine Mikrowellenform geben.
2 Die Form schließen und alles bei 100% Leistung 1–2 Minuten erhitzen.
3 Die gewaschenen Früchte in die Soße geben, Sahne und Speisestärke verrühren und ebenfalls unterziehen.
4 Das Geschirr schließen und das Ganze bei 100% Leistung weitere 2–3 Minuten erhitzen.
5 Danach den Honig unterziehen, mit Zucker süßen und mit Weinbrand aromatisieren. Heiß servieren.

Heiße Mandelkirschen

Zutaten für 2 Personen
1/2 Glas Rotwein
1/2 Tasse Kirschsaft
1/2 TL Zimt
1 Prise Nelkenpulver
1 TL geriebene Schale einer unbehandelten Orange
1 P. Vanillinzucker, 2 EL Honig
125 g entsteinte Sauerkirschen
1 TL Speisestärke
30 g Mandelblättchen
2 Portionen Vanilleeis

Zubereitung

1 Wein, Kirschsaft, Zimt, Nelkenpulver, Orangenschale, Vanillinzucker und Honig im Mikrowellengeschirr verrühren.

2 Das Geschirr verschließen und bei 100% Leistung 2–3 Minuten erhitzen.

3 Die Sauerkirschen in die Soße geben und zugedeckt bei gleicher Leistung 3 Minuten zum Kochen bringen.

4 Die Speisestärke mit etwas Wasser anrühren und die Kirschen damit binden. Nochmals kurz erhitzen und die Mandelblättchen unterrühren.

5 Das Eis mit den heißen Mandelkirschen überziehen.

(Foto Seite 121: oben)

Früchtereis mit Sahne

Zutaten für 2 Personen
1/4 l Milch, 1 EL Butter
75 g Rundkornreis, 1 Prise Salz
1 P. Vanillinzucker, 2 EL Honig
1 TL geriebene Zitronenschale
Zucker nach Geschmack
125 g Fruchtcocktail
100 g Sahne, 1/2 P. Sahnesteif
2 EL Zucker, 1 TL Zimt
30 g gehackte Walnüsse

Zubereitung

1 Milch und Fett in ein Mikrowellengeschirr geben und bei 100% Leistung 3–4 Minuten erhitzen. Den Reis mit dem Salz unter die Milch rühren.

2 Das Geschirr schließen und den Reis bei 25% Leistung 15–18 Minuten ausquellen lassen.

3 Danach mit Vanillinzucker, Honig und Zitronenschale aromatisieren und mit Zucker süßen, den abgetropften Fruchtcocktail unterziehen.

4 Die Sahne mit dem Sahnesteif schlagen und unter den erkalteten Reis heben.

5 Den Früchtereis mit Zimtzucker und Walnüssen bestreuen.

(Foto Seite 121: unten)

Birnenkompott mit Kirschen

Zutaten für 2 Personen
2 Birnen
Saft von 1/2 Zitrone
1/2 Tasse Rotwein (75 ml)
1/2 Tasse Kirschsaft (75 ml)
1 P. Vanillinzucker
1/2 TL Zimt
1 Prise Nelkenpulver
100 g entsteinte Sauerkirschen
Zucker nach Geschmack

Zubereitung
1 Die Birnen schälen, entkernen, in Würfel schneiden und mit Zitronensaft beträufeln.
2 Die Birnenwürfel mit dem Rotwein und dem Kirschsaft in eine Mikrowellenform geben, mit Vanillinzucker, Zimt und Nelkenpulver aromatisieren.
3 Die Form schließen und die Birnen bei 100% Leistung je nach Reifegrad 2–5 Minuten garen.
4 Die Sauerkirschen unterziehen und nach Geschmack süßen. Das Kompott bei 100% Leistung zugedeckt nochmals 1–2 Minuten erhitzen.
(Foto Seite 122)

Gebackener Pfirsich

Zutaten pro Person
1 Pfirsich (120 g), 2 TL Honig
2 TL Kokosraspel
1/2 TL Mandelsplitter

Zubereitung
1 Die Pfirsichhälften auf einem Dessertteller 3 Minuten bei 75% Leistung dünsten.
2 Honig und Kokosraspel mischen und in die Pfirsichhälften füllen. Die Mandelsplitter daraufstreuen; nochmal 2 Minuten bei 50% Leistung backen.
(Foto Seite 123)

Gebackene Banane

Zutaten pro Person
1 Banane (190 g)
1/2 TL Honig
1 TL Kokosraspel

Zubereitung
1 Die Banane schälen, längs halbieren, auf beide Hälften den Honig verteilen und mit Kokosraspeln bestreuen.
2 Zunächst 1 Minute bei 50% Leistung erhitzen, dann drehen und 1 Minute bei 75% Leistung backen. Noch 1–2 Minuten ruhen lassen.

AUFTAU- UND GARTABELLE

Produkt	Menge	Auftauzeit		Garzeit Mikrowelle		Garzeit Kombigerät		
	in g	Watt	Zeit/Min.	Stufe	Zeit/Min.	Grad	Mikro-wellen-stufe	Zeit/Min.
Fleisch								
Schweine-kotelett, natur	180	100–150	2–3	high	3–5	230	medium	5–7
Schweineschnitzel, natur	150	100–150	1,5–2,5	high	3–4	220	medium	4–5
Schweinebraten	1000	80–100	30–40	medium	30–35	220	medium	30–35
Schweinenacken	1500	80–100	40–50	medium	40–45	220	medium	40–45
Schweinebauch	800	80–100	20–30	medium	25–30	220	medium	30–35
Schweinehaxe	750	100–150	20–30	medium	25–30	220	medium	30–35
Schweinegulasch	600	100–150	1–20	medium	15–20	220	medium	25–30
Schweinefilet	4 x 250	80–100	4–5	high	10–15	250	high	10–12
Lammkotelett	4 x 150	80–100	4–5	high	10–15	250	high	8–10
Lammbraten	750	80–100	20–30	medium	25–30	220	medium	20–25
Lammkeule	1200	80–100	40–50	medium	20–25	220	medium	30–35
Lammgulasch	750	100–150	15–20	medium	20–25	220	medium	30–35
Lammfilet	250	100–150	2–3	high	3–4	250	medium	5–8
Rinder-schmorsteak	4 x 200	100–150	10–15	high	30–40	220	medium	40–45
Rinderbraten	500	80–100	10–15	medium	15–20	220	medium	25–30

Produkt	Menge in g	Auftauzeit		Garzeit Mikrowelle		Garzeit Kombigerät		
		Watt	Zeit/Min.	Stufe	Zeit/Min.	Grad	Mikro-wellen-stufe	Zeit/Min.
Rinderbraten	1000	100–150	30–35	medium	35–45	220	medium	35–40
Roastbeef	1500	100–150	40–45	medium	25–30	230	medium	20–25
Rinderfilet	250	100–150	2–3	–	–	250	medium	4–6
Rinderrouladen	4 x 250	100–150	20–25	medium	30–35	220	medium	30–35
Rindergulasch	600	100–150	10–15	medium	30–35	220	medium	30–35
Kalbskotelett	200	100–150	2–3	high	3–5	220	medium	3–5
Kalbsschnitzel	2 x 100	100–150	2–3	high	3–4	220	medium	3–4
Kalbsbraten	500	100–150	10–15	high	12–18	220	medium	20–25
Kalbsbraten	1000	100–150	30–35	medium	30–35	220	medium	30–35
Kalbsbrust, gefüllt	1500	100–150	30–35	medium	30–35	220	medium	35–40
Kalbsgulasch	600	100–150	10–15	medium	25–30	220	medium	25–30
Kalbsrouladen	4 x 200	100–150	20–25	medium	25–30	220	medium	20–25
Kalbshaxe	1200	100–150	30–40	medium	30–35	220	medium	30–35
Kalbsfilet	250	100–150	2–3	–	–	220	medium	4–6
Kalbsrückenfilet	800	100–150	15–18	medium	15–20	220	medium	15–20
Wild								
Hasenrücken	500	80–100	8–12	medium	8–12	220	medium	8–12
Hasenkeulen	2 x 200	80–100	8–12	medium	15–20	220	medium	15–20
Rehrücken/ Hirschrücken	1000	80–100	30–35	medium	15–20	220	medium	15–20
Wildschweinbraten	750	80–100	25–30	medium	30–35	220	medium	25–30
Rehkeule/ Hirschkeule	1000	100–150	30–35	medium	30–35	220	medium	30–35
Kaninchenteile	1000	100–150	30–35	medium	30–35	220	medium	25–30
Fasan	750	100–150	15–20	medium	8–12	220	medium	8–12
Rebhuhn	400	100–150	8–10	medium	4–5	220	medium	8–12
Wildente	750	100–150	15–20	medium	25–30	220	medium	25–30
Taube	400	100–150	8–10	medium	15–20	220	medium	15–20
Geflügel								
Hähnchenbrust	150	100–150	2–3	medium	4–6	250	medium	4–6
Hähnchenkeule	150	100–150	2–3	medium	5–7	250	medium	4–5
Hähnchen	800	100–150	25–25	medium	15–20	240	medium	15–20

Produkt	Menge in g	Auftauzeit		Garzeit Mikrowelle		Garzeit Kombigerät		
		Watt	Zeit/Min.	Stufe	Zeit/Min.	Grad	Mikrowellenstufe	Zeit/Min.
Poularde	120	100–150	25-30	medium	20–25	220	medium	15–20
Putenkeule	600	80–100	15–18	medium	10–15	220	medium	15–20
Putenschnitzel	180	100–150	2-3	high	3–5	220	medium	3–4
Putenbrust	1000	80–100	30-35	medium	20–25	220	medium	20–25
Ente	1500	80–100	35–40	medium	35–40	220	medium	35–40
Gans	2000	80–100	45–55	medium	40–45	220	medium	40–45
Suppenhuhn	2500	80–100	60–65	medium	45–50	–	–	–
Fisch								
Fischfilet	200	100–150	1–2	high	2–3	250	medium	2–3
Fisch am Stück	800	100–150	8–10	high	6–8	230	medium	6–8
Fischauflauf	1500	100–150	20–25	medium	10–15	220	medium	10–15
Fischgulasch	800	100–150	8–10	medium	10–15	220	medium	10–15
Fischsuppe	1000	100–150	10–15	medium	10–15	220	medium	10–15
Forelle	300	100–150	2–3	medium	3–5	220	medium	3–5
Karpfen	1200	100–150	15–20	medium	6–8	220	medium	10–12
Schleie	500	100–150	3–5	medium	5–6	220	medium	6–8
Hecht	2000	100–150	20–25	medium	10–12	220	medium	10–15
Zander	4 x 250	100–150	15–20	medium	6–8	220	medium	8–10
Makrele	500	100–150	15–20	medium	6–8	220	medium	8–10
Kabeljau	1000	100–150	15–20	medium	8–10	250	medium	8–10
Heilbutt	4 x 200	100–150	15–20	medium	6–8	220	medium	6–8
Lachs	4 x 250	100–150	15–20	medium	6–9	220	medium	6–9
Scholle	4 x 300	100–150	15–20	medium	6–10	220	medium	6–10
Seezunge	8 x 100	100–150	10–15	medium	6–8	220	medium	6–8
Goldbarsch	1500	100–150	12–18	medium	8–10	220	medium	8–10
Rotbarsch	200	100–150	1–2	high	2–3	220	medium	2–3
Gemüse								
Auberginen	1000	100–150	12–15	high	12–15	220	medium	12–15
Blumenkohl	1000	100–150	12–15	high	12–15	220	medium	12–15
Bohnen	800	100–150	8–10	high	10–12	–	–	–
Brokkoli	1000	100–150	10–12	high	12–15	220	medium	10–12
Chinakohl	1000	–	–	high	5–8	220	medium	5–8
Erbsen	500	100–150	5–7	high	10–15	–	–	–

Produkt	Menge in g	Auftauzeit		Garzeit Mikrowelle		Garzeit Kombigerät		
		Watt	Zeit/Min.	Stufe	Zeit/Min.	Grad	Mikrowellenstufe	Zeit/Min.
Fenchel	4x200	100–150	8–10	high	10–12	–	–	–
Gurken	600	–	–	high	8–10	220	medium	8–10
Grünkohl	1000	100–150	12–15	high	12–15	–	–	–
Karotten	600	100–150	8–10	high	10–12	220	medium	10–12
Kohlrabi	4x200	100–150	8–10	high	10–15	220	medium	10–15
Lauch	500	100–150	7–9	high	8–10	220	medium	8–10
Paprikaschoten	800	100–150	8–10	high	10–12	220	medium	10–12
Pilze	500	100–150	6–8	high	6–8	220	medium	6–8
Rosenkohl	1000	100–150	10–12	high	12–15	220	medium	12–15
Rote Bete	1000	100–150	10–15	high	12–15	220	medium	12–15
Rotkohl	800	100–150	8–12	high	10–15	–	–	–
Schwarzwurzeln	600	100–150	8–10	high	10–12	–	–	–
Sellerie	600	100–150	8–10	high	10–12	–	–	–
Spargel	1000	100–150	10–15	high	15–20	–	–	–
Spinat	750	100–150	8–10	high	8–10	–	–	–
Weißkohl	800	100–150	8–12	high	10–15	–	–	–
Zucchini	4x200	100–150	8–12	high	8–10	220	medium	8–10

REZEPTVERZEICHNIS

© 1990 Genehmigte Ausgabe
Nachdruck verboten
Titelbild: TLC Foto-Studio GmbH
Fotos: TLC Foto-Studio GmbH, Edith Gerlach,
Miele & Cie. GmbH & Co., Gütersloh (S. 11)
Zeichnungen: Ulrike Hoffmann
Grafische Gestaltung: Grafik-Design Gerhard Wawra
Die Ratschläge in diesem Buch sind von Autorin und Verlag sorgfältig erwogen und geprüft, dennoch kann eine Garantie nicht übernommen werden. Eine Haftung der Herausgeberin bzw. des Verlages und seiner Beauftragten für Personen-, Sach- und Vermögensschäden ist ausgeschlossen.
Satz: Dinges + Frick, Wiesbaden
Druck: Druckhaus Kaufmann, Lahr

1999964590X7 2635 4453 6271